Inhalt

Schloss

Schlossgarten

Schlossgraben

Send

Krummer Timpen

Aa

Spiekerhof

Domplatz

Prinzipalmarkt

Bispinghof

Aegidiistraße

Promenade

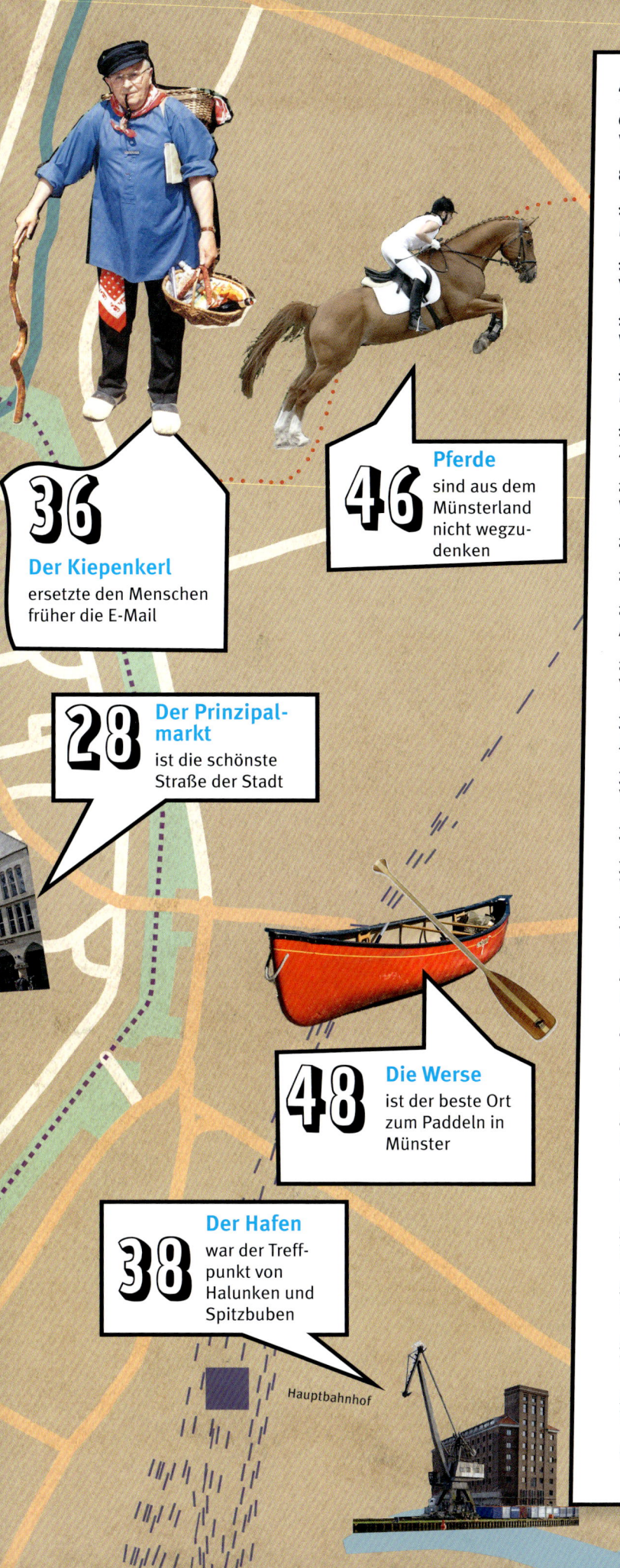

36
Der Kiepenkerl
ersetzte den Menschen
früher die E-Mail

46
Pferde
sind aus dem
Münsterland
nicht wegzu-
denken

28
Der Prinzipal-
markt
ist die schönste
Straße der Stadt

48
Die Werse
ist der beste Ort
zum Paddeln in
Münster

38
Der Hafen
war der Treff-
punkt von
Halunken und
Spitzbuben

Hauptbahnhof

Willkommen in Münster

Warst Du schon einmal in **Münster**? Bist Du gerade dort? Oder wohnst Du vielleicht sogar hier? Dann weißt Du ja sicher schon, was für eine schöne Stadt Münster ist.

Hier gibt es viele eindrucksvolle und wunderschöne **alte Gebäude und Häuser**. In den Gassen der Innenstadt wird die Vergangenheit in ihrer alten Pracht wieder lebendig. Manchmal ist das ein wenig schaurig, wenn Du dazu die alten Geschichten hörst, auf jeden Fall aber spannend.

Doch Münster hat nicht nur eine lange Vergangenheit, sondern ist heute eine quicklebendige, moderne Stadt. Nirgendwo in Deutschland wirst Du mehr Menschen auf **Fahrrädern** durch die Straßen sausen sehen. Da ist es kein Wunder, dass Münster regelmäßig zur fahrradfreundlichsten Stadt von ganz Deutschland gewählt wird! An der Universität und den anderen Hochschulen studieren Zehntausende junger Menschen aus aller Welt. Auf dem Wochenmarkt vor dem **Dom** bieten Händler aus der Umgebung ihre Waren an. Auf den Wiesen am Aasee liegen bei schönem Wetter Menschen, unterhalten sich, grillen, spielen und genießen die Sonne. Dreimal im Jahr gibt es den **Send**. So nennen die Münsteraner ihr riesiges Jahrmarkt-Gewusel auf dem großen **Schlossplatz**. Im Dezember erstrahlt die Innenstadt in wunderschönem Lichterglanz und zieht mit ihren Weihnachtsmärkten unzählige Besucher an. Du kannst tolle Museen besuchen oder den **Zoo**, am Aasee ein Eis oder am Hafen eine Pizza essen und dabei aufs Wasser schauen. Oder Du machst einen Ausflug in die grüne Umgebung und besuchst vielleicht ein Wasserschloss oder paddelst auf der Werse. Du siehst: Münster ist etwas ganz Besonderes. In einem internationalen Wettbewerb wurde es sogar zur „lebenswertesten Stadt der Welt" gewählt. Du kannst Dich freuen, wenn Du hier wohnst oder zu Besuch bist. Und falls Du noch nie hier warst, dann wird es auf jeden Fall Zeit für eine Reise nach Münster. Was Dich erwartet und was hier schon alles los war, erfährst Du in diesem Buch.

Also, folge der schlauen Eule Xabi durch das wunderschöne Münster!

Erst mal umgucken

Münster
Nordrhein-Westfalen
Deutschland

Münster auf einen Blick

Bundesland: Nordrhein-Westfalen
Alter: über 1200 Jahre
Einwohnerzahl: 300 000
Einwohner unter 18 Jahre alt: 45 000
Höchster Punkt: 98,8 m über dem Meeresspiegel
Niedrigster Punkt: 38,6 m über dem Meeresspiegel

Münster liegt in Westfalen, das ist ein Teil des deutschen Bundeslandes Nordrhein-Westfalen. Insgesamt leben in Münster heute ziemlich genau 300.000 Menschen. Münster liegt damit auf Platz 20 der größten Städte Deutschlands. Die Umgebung, das Münsterland, ist grün und ländlich, mit vielen Weiden, Feldern, kleinen Wäldchen, Bauernhöfen, Ortschaften und einigen Schlössern – die münsterländische Parklandschaft. Hierher kannst Du schöne Ausflüge machen, etwa für längere Rad- oder Paddeltouren.

Es regnet, oder es läuten die Glocken

Weil es keine nennenswerten Hügel oder gar Berge bis zum Meer gibt, ist das Wetter stark vom See-Klima beeinflusst. Das ist oft feuchtkühl. „Entweder es regnet hier, oder es läuten die Glocken – oder es wird eine Kneipe eröffnet", lautet das bekannteste Münster-Sprichwort. Denn einerseits gibt es eben sehr viele Kirchen und Kneipen in der Stadt, und andererseits regnet es an durchschnittlich 190 Tagen im Jahr. Dabei ist die Regenmenge gar nicht höher als im Durchschnitt von Deutschland. Es regnet meist weniger stark, dafür aber länger. Typisch ist darum leichter Nieselregen. In der Innenstadt befinden sich die berühm-

testen Gebäude, Straßen und Plätze. Um die alten Gemäuer und Gassen des Stadtzentrums führt die Promenade, wo sich ehemals die Stadtmauer erstreckte. Sie ist heute ein Grünstreifen zum Flanieren und Fahrradfahren. Der Innenstadtbereich reicht bis zu Schloss und Aasee. Etwas weiter dahinter liegen Zoo, Naturkundemuseum und das Mühlenhof-Freilichtmuseum.

Um das Centrum drängen sich die Innenstadt-Wohnviertel, von denen jedes seinen eigenen Charakter hat. Der alte Hauptbahnhof ist 2014 abgerissen worden, um Platz für den modernsten Bahnhof Deutschlands zu schaffen. Gute zehn Minuten zu Fuß vom Bahnhof liegt der Hafen. Hier ist in den letzten Jahren ein modernes Stadtviertel neu entstanden, mit Büros, Räumen für Künstler und Musiker, vielen Restaurants und Cafés. Direkt gegenüber befindet sich die Halle Münsterland, wo Großveranstaltungen von Flohmärkten bis zu Konzerten bekannter Musiker stattfinden. Daneben liegen die Jovel Music Hall und das Hawerkamp-Gelände, wo vor allem Jugendliche, Studenten und andere junge Erwachsene gerne ausgehen. Wenn Du noch weiter aus der Innenstadt herausfährst, kommst Du in einen der vielen Vororte. Das sind ruhige Wohnviertel, manchmal auch richtige kleine Orte mit eigenem kleinen Zentrum, etwa Hiltrup, Wolbeck oder die Siedlung mit dem schönen Namen Kinderhaus.

Münsterland

Greven

Altenberge

Häger   Sprakel   Gelmer

Nienberge   Kinderhaus

Coerde

Telgte

Gievenbeck   # Münster

Handorf

Roxel   Centrum →

Aasee   Gremmendorf   Stapelskotten

Havixbeck

Südviertel   Angelmodde   Wolbeck

Warendorf

Nottuln   Albachten   Mecklenbeck

Hiltrup

Amelsbüren

Sendenhorst

Senden

Drensteinfurt

Ascheberg

Münster in Zahlen

vor etwa 700 Jahren

entstand das Stadtwappen von Münster, eines der ältesten von Deutschland!

Darauf werden ein Schild und ein Helm von zwei Löwen gehalten. Das soll Wehrhaftigkeit und Stärke zeigen, aber auch Gottesfürchtigkeit und die Bedeutung als Handelsstadt. Gold und Rot sind die Farben des Fürstbischofs, Rot und Weiß die der Hanse, eines Bündnisses von Kaufleuten.

50 Meter

hoch ist das Riesenrad auf dem Send. Es heißt Jupiter.

17,5 Fußballfelder

groß ist der Schlossplatz. Er ist damit der größte Stadtplatz in Deutschland!

300 Kilometer

0251

lautet die Festnetz-Vorwahl. Die Stadtteile, die früher noch nicht zu Münster gehörten, haben noch heute eigene Vorwahlen, etwa Hiltrup mit 02501 oder Wolbeck mit 02506.

OMI MÜNSTER
0251-1235765

Anrufen ...
00:00

MS-A 1234

130000 Autos

sind in Münster gemeldet. Man erkennt sie am Kennzeichen MS. Häufig sieht man in der Stadt auch Autos aus den umliegenden Kreisen. COE steht für Coesfeld, WAF für Warendorf und ST für Steinfurt.

290 Liter

Regen fielen in Münster am 28. Juli 2014 an einem einzigen Tag pro Quadratmeter Boden – so viel regnet es sonst in einem halben Jahr! Danach stand die ganze Stadt bis zu einem halben Meter hoch unter Wasser, es gab riesige Schäden.

Radweg führen durch Münster, das sich auch „Fahrradstadt" nennt.

1,80 Meter

groß ist der Durchmesser des größten Ammoniten der Welt. Er steht im Naturkunde-Museum und ist sein Wahrzeichen. Ammoniten sind Ur-Tintenfische, die zur Zeit der Dinosaurier in den Meeren lebten, die auch Westfalen bedeckten.

20%

aller erwachsenen Zhous Scharnierschildkröten leben in Münster! Diese asiatische Art ist die viertseltenste Schildkröte der Welt. In der Schildkrötenschutz-Station im Allwetterzoo Münster werden auch viele andere bedrohte Schildkröten gezüchtet, damit sie überleben können.

40 Steine

aus anderen ehemaligen Hansestädten sind in Bronzeringen in das Pflaster der Salzstraße eingelassen. Auf dem Ring steht der Name der Stadt, aus der der Stein kommt. Damit wird daran erinnert, dass Münster bis 1454 zur Hanse gehörte, einem Bündnis von Handelsstädten im Mittelalter.

2,1 Fahrräder

besitzt jeder Münsteraner durchschnittlich! Es gibt in der Stadt also doppelt so viele Fahrräder wie Menschen.

Vom Kloster zur Stadt

Mimigernaford, Monasterium, Münster

Vor über 1200 Jahren kam der heilige Liudger nach Mimigernaford und überzeugte die Menschen vom Christentum

Zur Zeit des alten Roms und der Geburt Christi war Westfalen praktisch noch unbesiedelte Wildnis. Zwar haben hier schon in der Steinzeit Menschen gelebt, aber bis ins sechste Jahrhundert gab es nur ganz kleine Siedlungen aus einzelnen Gehöften. Eine dieser Mini-Siedlungen lag an einer damals schon bestehenden Handelsstraße, genau an der Stelle, wo es eine Durchquerungsmöglichkeit durch den Fluss Aa gab; so etwas nennt man eine Furt. Hier hatten einige Sachsen auf einer kleinen Anhöhe, dem Horsteberg, ihre Hütten gebaut. Man nannte sie „die Leute des Mimigern", denn so hieß das Stammesoberhaupt. Dementsprechend hieß ihre Siedlung Mimigernaford („ford" bedeutet Furt).

Liudger und das Kloster auf dem Horsteberg

Ende des achten Jahrhunderts regierte König Karl der Große in Franken. Später wurde er als Kaiser sehr bekannt. Er wollte, dass alle Menschen Christen werden, wie er selbst einer war. Nun waren die Sachsen aber noch keine Christen. Darum eroberte er ihr Land und sandte Männer aus, die die Einwohner höflich bitten sollten, Christen zu werden. Solche Männer nennt man Missionare – und ob sie wirklich besonders höflich waren, dazu gibt es recht unterschiedliche Berichte. Aber das ist eine andere Geschichte.

Einer der Missionare war Liudger. Zu ihm sprach der König so etwas wie: „Liudger, gehe Du nach Westsachsen in das Örtchen Mimigernaford. Gründe dort ein Kloster und bekehre die Menschen, die dort leben, zum Christentum." Und so geschah es. Liudger kam auf den Horsteberg und gründete im Jahr 793 sein Kloster. „Monasterium" ist das lateinische Wort dafür, und daraus wurde im Lauf der Zeit der Name Münster – erwähnt wurde dieser Name erstmals 1206 in einer Urkunde. Nach ein paar Jahren hatte Liudger die Menschen auf dem Horsteberg vom Christentum überzeugt und wurde der erste Bischof von Münster. Es siedelten sich mehr und mehr Menschen an, die Häuser und Kirchen bauten. Liudger ließ auch einen Dom errichten – genau dort, wo auch heute der Dom steht. Allerdings ist es nicht mehr dasselbe Gebäude, denn der alte Dom wurde zwischenzeitlich vollständig zerstört und ein neuer gebaut.

Münster wird Stadt

Münster bekam zwischen 1173 und 1178 die Stadtrechte. Es kam aber immer wieder zu Rückschlägen: Mal wurde die Stadt belagert und von Feinden zerstört, mal von einem Großbrand vernichtet. Dennoch wuchs sie immer weiter. Zum Schutz vor Angreifern wurde eine mächtige, besonders dicke Mauer gebaut, die im Jahr 1200 fertig wurde.

Die älteste Schule Deutschlands

Im Jahr 793 hat Liudger eine Schule gegründet. Die gibt es heute noch, und noch immer lernen Kinder dort! Es ist das Gymnasium Paulinum. Mit dem Carolinum in Osnabrück streitet sich das Paulinum schon seit vielen Jahren darum, welche von beiden die älteste Schule Deutschlands ist. Genau kann man das nicht sagen, weil die Schulgründungen so lange her sind. Darum gibt es jedes Jahr ein Fußballspiel, bei dem die Schüler vom Paulinum gegen die vom Carolinum spielen. Wer gewinnt, darf sich ein Jahr lang „älteste Schule der Welt" nennen. Bis zum nächsten Fußballspiel.

Die Wiedertäufer

Vom grausamen König Jan und seinem grausamen Ende im Käfig

Jan van Leiden, der Anführer der Wiedertäufer, tauft ein Mädchen. Hinter ihm stehen sein Stadtschreiber Bernd Krechting (mit dem Buch in der Hand) und der Scharfrichter Bernd Knipperdolling (mit dem Schwert)

Als Münster zur Stadt wurde, gab es noch keine Trennung in katholische und evangelische Christen. Dazu kam es erst, als Martin Luther im Jahr 1517 die Kirche erneuern wollte. Die Christen, die sich von der katholischen Kirche abwandten und Luther folgten, wurden evangelisch oder auch Protestanten genannt. In Münster wurden bis zum Jahr 1533 die meisten Einwohner evangelisch, und manche schlossen sich bald einer noch radikaleren Bewegung an, den Täufern. Die lehnten die bis heute übliche Taufe von Babys ab und meinten, erst Erwachsene dürften sich taufen lassen.

Der König und seine 16 Frauen

Fast alle Täufer waren zwar selbst als Baby bereits getauft worden, ließen sich nun als Erwachsene aber wieder taufen. Darum nannte man sie „Wiedertäufer". Münster wurde zu ihrer Hochburg. Das gefiel dem damaligen Bischof

Franz von Waldeck gar nicht. Was wiederum den Wiedertäufern nicht passte, die den Bischof kurzerhand aus der Stadt schmissen und dort ihr eigenes Königreich ausriefen. Ihre Anführer waren Jan van Leiden, Bernd Knipperdolling und Heinrich Krechting. Die drei führten eine wahre Schreckensherrschaft und bestraften, ermordeten oder vertrieben jeden, der ihnen widersprach. Sie führten die Vielehe ein: Ein Mann durfte gleichzeitig mit mehreren Frauen verheiratet sein. Im Grunde musste er das sogar, denn nach all den Vertreibungen und Kämpfen gab es in Münster nur noch 1800 Männer, aber 4900 Frauen, also fast dreimal so viele. „König" Jan van Leiden befahl daraufhin, dass jede Frau, die Kinder bekommen konnte, heiraten musste. Er selbst hatte gleich 16 Frauen!

Die Rache des Bischofs

Aber dem Wiedertäufer-Königreich ging es nicht gut: Die Stadt wurde von Soldaten des Bischofs von Waldeck belagert, die Vorräte wurden knapp und die Stimmung wurde immer schlechter. Einige Wiedertäufer, die deshalb geflohen waren, verrieten dem Bischof Schwachstellen in den Verteidigungsanlagen. In der Nacht vom 24. auf den 25. Juni 1535 eroberte der Bischof die Stadt zurück und nahm furchtbare Rache. Viele Wiedertäufer wurden getötet, van Leiden und Knipperdolling gefangen genommen. Heinrich Krechting konnte fliehen. Da hat man eben seinen Bruder Bernd Krechting zum Tode verurteilt – das nahm man damals nicht so genau. Die drei Anführer wurden schlimm gefoltert und schließlich grausam hingerichtet. Ihre toten Körper ließ der Bischof in drei Käfige aus Eisen stecken und am Turm der Lambertikirche aufhängen. Zur Abschreckung, aber auch weil man glaubte, dass die Seelen wegen der Käfige nicht in den Himmel kommen konnten. Ganz schön gruselig, was? Noch heute kannst Du die leeren Eisenkörbe am Kirchturm gut sehen. Seitdem war in Münster Schluss mit protestantischen Experimenten – die Stadt ist bis heute stark katholisch geprägt.

Irrlichter

Sie kann einem ja schon ein bisschen Angst einjagen, die Geschichte mit den Wiedertäufern und ihren Käfigen. Vielleicht glaubst Du deshalb, dass Deine Fantasie Dir einen Streich spielt, wenn Du abends zum Lamberti-Kirchturm hochschaust. Schwingen da nicht Lichter in den Käfigen, wo die Toten einst hingen? Wie unheimlich! Aber keine Angst, das sind keine Geister. Das ist Kunst. Im Rahmen einer der berühmten münsterschen Skulpturen-Ausstellungen (siehe Seite 44) hat der Künstler Lothar Baumgarten 1987 drei kleine Lampen in die Käfige gehängt, die sich automatisch anschalten, wenn es dunkel wird, und dann immer wieder aus- und angehen. Dabei werden sie vom Wind auch noch hin- und hergeschaukelt. „Drei Irrlichter" heißt die Installation, die an die schlimmen Vorgänge vor 500 Jahren erinnert.

Der Westfälische Friede
Warum die Niederlande in Münster geboren wurden

Der Friedenssaal in Münsters Rathaus: Wo einst Spanien und die Niederlande ihren Frieden besiegelten, tragen sich heute Politiker wie Angela Merkel in das Goldene Buch der Stadt ein

Zwischen 1618 und 1648, also vor rund 400 Jahren, tobte in Europa ein furchtbarer Krieg. Weil er 30 Jahre dauerte, wird er der Dreißigjährige Krieg genannt. Er war eine der schlimmsten Katastrophen, die es auf unserem Kontinent jemals gab. Viele, viele Menschen starben bei den Kämpfen, noch mehr bei Hungersnöten und Seuchen danach. In manchen Gegenden kamen zwei Drittel der Bevölkerung zu Tode.

Bei diesem Krieg ging es um die Vorherrschaft in Europa, also darum, wer über welche Gebiete zu bestimmen hatte. Außerdem kämpften Katholiken gegen Protestanten. Plötzlich wurde Münster zur wichtigsten Stadt des ganzen Kontinents, denn hier wurde dieser sinnlose und grausame Krieg endlich beendet. Hier (und im 60 Kilometer entfernten Osnabrück) wurde der Westfälische Friede beschlossen.

Fünf lange Jahre verhandelten Gesandte aus ganz Europa, bis am 15. Mai 1648 als erster entscheidender Schritt zum Westfälischen Frieden zwischen Spanien und den Niederlanden der „Frieden von Münster" geschlossen wurde. Die feierliche Unterzeichnung fand in der Ratskammer im Rathaus statt, die seither als Friedenssaal bekannt ist. Als eines der Ergebnisse dieses Abkommens wurden die Niederlande zu einem eigenen Staat. Die Niederlande sind also sozusagen in Münster geboren worden. Am 24. Oktober unterzeichneten dann auch die anderen Kriegsparteien Friedensverträge, mit denen der Dreißigjährige Krieg endgültig beendet wurde.

Der Westfälische Friede war ein unglaublich bedeutendes Ereignis. Es war das erste Mal, dass alle wichtigen europäischen Mächte sich gemeinsam getroffen haben, um über Frieden zu verhandeln. Das sollte die Menschen auch heute noch daran erinnern, ihre Streitereien durch Gespräche und nicht durch Kämpfe zu lösen. Während der Friedensverhandlungen war mit den vielen Menschen aus anderen Ländern ganz schön was los in Münster. Die Einwohnerzahl verdoppelte sich.

Der Friedenssaal im Rathaus ist noch heute fast im Originalzustand wie vor 400 Jahren erhalten. Du kannst ihn Dir anschauen und dabei die Bilder der 32 Gesandten ansehen. Und die von deren Königen, Fürsten und Kaisern.

Im Friedenssaal kannst Du auch den goldenen Hahn bewundern. Das ist ein goldener Ehrenpokal in Form eines Hahns, mit beweglichen Flügeln. Wenn wichtige Gäste zu Besuch sind, die sich in das goldene Buch der Stadt eintragen, bietet der Bürgermeister ihnen oft einen Schluck Wein aus dem Hahn an.

Kindische Erwachsene

Von der Unterzeichnung des Friedensvertrags im Mai 1648 erzählt man sich, dass der spanische und der niederländische Gesandte darüber stritten, wer zuerst den Friedenssaal betreten durfte. Daraufhin sind beide schmollend wieder abgezogen. Erst musste ein Schreiner kommen, der die Tür zum Friedenssaal so erweiterte, dass beide nebeneinander durchpassten, ehe es dann endlich zur Unterzeichnung des Vertrags kam. Der Krieg habe deswegen noch eine Woche länger gedauert, als nötig gewesen wäre!

Der goldene Hahn

Warum steht im Friedenssaal ein goldener Hahn? Eine Legende besagt, dass damit an eine Belagerung der Stadt erinnert wird. Die Feinde warteten vor der Stadtmauer und ließen niemanden hinein oder hinaus, um die Münsteraner auszuhungern. Als die Lage verzweifelt wurde, weil das Essen ausging, kamen die Münsteraner auf die geniale Idee, ihren letzten Hahn

über die Stadtmauer fliegen zu lassen. Daraufhin dachten die Feinde: „Wenn die Münsteraner es sich erlauben können, einen leckeren Hahn einfach fliegen zu lassen, muss es ja immer noch reichlich zu essen geben in der Stadt!" Sie gaben die Belagerung entnervt auf, und Münster war gerettet. Wahrscheinlich stimmt das gar nicht – und der goldene Hahn ist auch nicht aus purem Gold, sondern nur aus vergoldetem Silber. Schön sind beide trotzdem, der Pokal und die Geschichte.

Schloss Münster hat der Architekt Schlaun im 18. Jahrhundert für die Fürstbischöfe gebaut. Dummerweise ist nie einer eingezogen.

Fürstbischöfe und Preußen

ach den Wiedertäufern wurde Münster wieder vom Bischof regiert. Der hieß nun Fürstbischof und bestimmte über die Stadt und ihre Umgebung, das Fürstbistum, das praktisch so etwas wie ein eigener Staat war. Mit dem Westfälischen Frieden versuchten die Münsteraner, unabhängiger von der Kirche zu werden. Fürstbischof Christoph Bernhard von Galen war dagegen. Er ließ die Stadt 1661 acht Monate lang belagern, bis die Münstera-

ner aufgaben. Dann baute er eine große Zitadelle, eine Festung im Nordwesten der Stadt. Sie diente dem Schutz vor Angreifern, aber auch vor den Münsteranern, damit sie erst gar nicht wieder auf so eigene Ideen kamen.

Ein Schloss muss her!

In den folgenden Jahrzehnten blieb Münster fest in der Hand von Kirche und Adel. Die liebten eine verschwenderische Pracht – es war die Zeit des Barocks. In Münster gab es allerdings

Das Schloss von Münster ist heute das Hauptgebäude der Universität. Hier wird studiert und verwaltet.

noch kein ordentliches Schloss für den Fürst-bischof. 1767 wurde mit einem Schloss-Bau begonnen, dort, wo die Zitadelle stand. Verant-wortlich war einer der berühmtesten Baumeis-ter seiner Zeit, Johann Conrad Schlaun. 1773 war das Schloss endlich fertig, ein Fürstbischof ist dort allerdings nie eingezogen – ihre Zeit endete nämlich bald darauf, im Jahr 1801.

Die Stimmung im ganzen Land hatte sich geändert. Die Gedanken der sogenannten Aufklärung wurden populär. So nennt man die Zeit, in der die Menschen begannen, nicht mehr einfach zu glauben, was die Kirche oder irgendwelche Herrscher sagten. Sie wollten selbst nachdenken, mithilfe der Naturwis-senschaften. Es war vor allem Minister und Generalvikar (ein kirchlicher Verwalter) Franz von Fürstenberg, der das neue Denken nach Münster brachte. Er kümmerte sich beson-ders um die Schulen und sorgte dafür, dass mehr Kinder besser lernen konnten. Außer-dem gründete er die Universität und ließ die Stadtmauer abreißen, um dort eine Grünanla-ge anzulegen – die heutige Promenade. Sein Denkmal kannst Du am Domplatz sehen.

Eine neue Zeit

Nach dem Tod des letzten Fürstbischofs folgten unruhige Jahre, in denen Münster zwischendurch sogar zum französischen Kaiserreich gehörte. Damit endete die Herrschaft der Kirche endgül-tig. 1815 wurde ganz Europa neu geordnet, und Münster gehörte nun zu Preußen, das erst noch ein eigenes Königreich war, aber 1871 zum neu gegründeten Deutschen Reich kam. Mit dem Ende des Fürstbistums verlor Münster endgültig seine weitgehende politische Unabhängigkeit, die es vorher fast wie ein eigener Staat hatte. Der Name des Fußballvereins Preußen Münster erinnert bis heute an diese Zeit, die bis zum Zweiten Weltkrieg dauerte.

Münsters heilige Familie

Die Erfolge des Franz von Fürstenberg machten Müns-ter attraktiv für viele moderne Denker. Es entstand der „Münstersche Kreis", eine Gruppe von klugen Leuten, die sich Gedanken darüber machten, wie die katholische Kir-che in den neuen Zeiten aussehen könnte. Deshalb wurde die Gruppe von den Münsteranern auch etwas spöttisch „familia sacra" genannt. Das ist Lateinisch für „heilige Fa-milie". Sozusagen die Mutter dieser Familie war Fürstin Amalie von Gallitzin. Selbst der berühmteste deutsche Schriftsteller aller Zeiten, Johann Wolfgang von Goethe, kam eigens nach Münster, um mit ihr zu diskutieren.

Alles zerstört

Zweiter Weltkrieg und Wiederaufbau

1945 stand die Lambertikirche inmitten von Trümmern. Münsters Innenstadt musste komplett wieder aufgebaut werden.

Im Jahr 1933 kamen in Deutschland die Nationalsozialisten (kurz: Nazis) an die Macht und errichteten eine grausame Diktatur, in der niemand mehr seine Meinung sagen durfte – zumindest nicht, wenn er eine hatte, die den Nazis nicht gefiel. Wer ihnen nicht passte, wurde umgebracht. Das waren vor allem Juden, aber auch andere Minderheiten, wie beispielsweise behinderte Menschen. 1939 begann Deutschland den Zweiten Weltkrieg. Viele Millionen Menschen mussten sterben, ganze Landstriche wurden verwüstet, zahlreiche Städte in Schutt und Asche gelegt. Dazu zählte auch Münster. Die Stadt wurde mehrfach bombardiert, und kurz vor Ende des Krieges wurde fast die gesamte Innenstadt zerstört. Als Amerikaner, Russen, Franzosen und Briten 1945 Deutschland endlich besiegt und dadurch von den Nazis befreit hatten, war von Münster nur noch ein großes Trümmerfeld übrig. Fast alle Gebäude in der Innenstadt waren stark beschädigt, viele ganz zerstört.

So schön wie zuvor

Die Münsteraner begannen den Wiederaufbau. Dabei bemühten sie sich, in der Innenstadt die Gebäude wieder so zu errichten, wie sie zuvor ausgesehen hatten. Das ist ihnen gut gelungen – deswegen glänzt der Prinzipalmarkt heute mit seinen mittelalterlichen Häusern. Streng genommen sind sie aber lediglich Kopien der im Krieg zerstörten Gebäude. Nur das Haus am Prinzipalmarkt 48, in dem sich das Café Kleimann befindet, hat den Zweiten Weltkrieg unbeschadet überstanden.

Seitdem herrscht Frieden in Münster und in Deutschland, und wir müssen alles dafür tun, dass das immer so bleibt!

Nach dem Krieg: Blick auf den zerstörten Dom

Der Löwe von Münster

Es gab nur wenige Menschen, die sich trauten, öffentlich gegen die Nazis aufzutreten. Einer der bekanntesten von ihnen war der Münsteraner Bischof Clemens August von Galen. Er wetterte in seinen Predigten vor allem dagegen, dass die Nazis Behinderte ermorden wollten. Das war sehr mutig, und deshalb wurde er „Der Löwe von Münster" genannt. Leider befürwortete er den Zweiten Weltkrieg. Nach dem Krieg, 1946, wurde er vom Papst zum Kardinal ernannt, das ist ein besonders wichtiger Bischof. Er starb aber kurz darauf an einer Blinddarmentzündung. 2005 wurde er vom Papst seliggesprochen.

Münster wird modern

Wirtschaftswunder und frische Töne

St. Stephanuskirche

Münster-Westf.-Aaseestadt

Aasee mit P.H.

Aaseemarkt

Aaseemarkt

Grüße aus dem Münster der 1970er-Jahre

Seit dem Krieg gehört Münster zum Bundesland Nordrhein-Westfalen, das in der von Großbritannien besetzten Zone lag. Zwar bekamen die Deutschen schon drei Jahre nach Kriegsende ihre Unabhängigkeit zurück, die Briten blieben aber als Aufpasser und Beschützer, später als Freunde und Partner in Münster. Zahlreiche britische Familien lebten dort, die britische Armee hatte wichtige Stützpunkte und Übungsflächen in der Stadt. Nach der Wiedervereinigung Deutschlands im Jahr 1989 zogen die Briten sich nach und nach zurück.

Erst Ende der 1950er-Jahre war der Wiederaufbau der Stadt allmählich abgeschlossen, nun waren auch Rathaus und Dom wieder für die

Münsteraner zugänglich. Natürlich wurde nicht die ganze Stadt überall so wieder aufgebaut, wie sie vor dem Krieg war. An vielen Stellen entstanden Neubauten. Zu den bekanntesten gehört das Gebäude des Landschaftsverbands Westfalen-Lippe am Hauptbahnhof, das als erstes modernes Stahl- und Betongebäude 1952 errichtet wurde. Das neue Stadttheater von 1956 sorgte durch seine moderne Bauweise weltweit für Aufsehen.

Der Stadt ging es immer besser, die Menschen hatten immer mehr Geld, und immer mehr Leute wollten nach Münster. Lebten zum Kriegsende nur rund 20 000 Menschen hier, waren es zwanzig Jahre später mit 200 000 schon zehnmal so viel. Ganze Stadtviertel wurden neu gebaut, etwa Coerde, Kinderhaus und Berg Fidel. 1975 wurde Nordrhein-Westfalen neu sortiert. Die bis dahin eigenständigen Orte Angelmodde, Hiltrup, Amelsbüren, Handorf, Wolbeck, Albachten, Nienberge, Roxel und St. Mauritz wurden zu Stadtteilen von Münster.

Münster erneuert sich ständig

Auch in jüngster Zeit ändert Münster sich immer weiter. Ein besonders auffälliger Neubau ist die Stadtbücherei von 1990; der alte Hafen wurde in den 2000er-Jahren komplett umgebaut, und auf dem Gelände der ehemaligen Germania-Brauerei an der Grevener Straße ist ein weiteres Gelände mit vielen Ausgehmöglichkeiten entstanden, der Germania Campus.

Nachdem Münster zerstört war, entstanden viele Neubauten. Sehr typisch für die Bauweise nach dem Krieg ist dieses Gebäude aus den 1960er-Jahren am Ludgeriplatz, in dem sich verschiedene Ämter befinden.

Let's Rock!

Die Studentenstadt Münster war immer auch ein Anziehungspunkt für Musiker. Als in den 1960er-Jahren Rockmusik populär wurde, fand sie hier viele Fans. Die berühmteste Rockband dieser Zeit waren die Rolling Stones, die es auch heute noch gibt. Sie kommen aus England und gaben ihr erstes Konzert auf dem europäischen Festland in der Halle Münsterland. Das war damals etwas völlig Neues. So neu, dass die älteren Münsteraner und die Polizei regelrecht Angst hatten. Britische und niederländische Polizeieinheiten wurden zu Hilfe gerufen, Wasserwerfer fuhren auf, um einschreiten zu können, falls die Jugendlichen durch die Rockmusik außer Rand und Band geraten sollten. Und passiert ist letztlich: überhaupt nichts. Es war einfach nur ein Konzert.

Die Rolling Stones 1965 in der Halle Münsterland

Münster heute
Eine Stadt auf der Höhe der Zeit

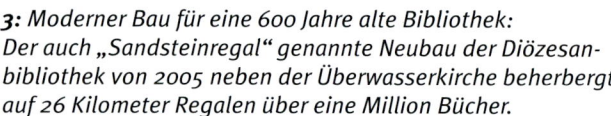

1: Auf dem Gelände einer ehemaligen Brauerei ist der Germania Campus entstanden. Da kann man im Sommer feiern oder mit all seinen Freunden ein Fußball-Länderspiel ansehen. Im Winter kann man dort Schlittschuh laufen, wenn der See zugefroren ist.

2: Das Quartier am Alten Fischmarkt in der Innenstadt wurde 2013 neu eröffnet und gilt als besonders gelungenes Beispiel für moderne Architektur.

3: Moderner Bau für eine 600 Jahre alte Bibliothek: Der auch „Sandsteinregal" genannte Neubau der Diözesan-bibliothek von 2005 neben der Überwasserkirche beherbergt auf 26 Kilometer Regalen über eine Million Bücher.

4: Moderne und uralte Tradition: Der Neubau der Stadtbücherei, im Hintergrund lugt die Lambertikirche herüber

5: Wie im Science-Fiction-Film: Aber das ist kein Raumschiff, sondern die Eingangshalle des LWL-Museums für Kunst und Kultur.

6: In der Uni-Bibliothek werden 2,3 Millionen Bücher aufbewahrt. 2009 hat ein iranischer Künstler den Schriftzug „Gehorche keinem" in roten Leuchtbuchstaben an der Fassade angebracht.

7: Entspanntes Kuchen-Essen und Bier-Trinken in einem Straßencafé auf dem Prinzipalmarkt

8: Das Aasee-Ufer verwandelt sich für die „Aaseerenaden" einmal im Jahr in einen riesigen Freiluft-Konzertsaal

9: Das weltberühmte Kunstmuseum Pablo Picasso wurde im Jahr 2000 eröffnet. Aus der Luft erkennst Du, dass die Steine im Hof des Gebäudes das Porträt des Malers zeigen. Das sieht man auch aus dem Treppenhaus des Museums.

Der Dom

Der Dom ist die größte und wichtigste katholische Kirche in Münster. Die Messe feiert hier der Bischof. Er regiert die Stadt zwar nicht mehr, ist aber immer noch ein wichtiger Mann. Er ist der Oberhirte (man könnte auch sagen: der Chef) nicht nur der Katholiken in Münster, sondern auch in einem großen Gebiet bis zur Nordsee, dem Bistum. Der Vorläufer des Doms stand schon zu Zeiten der Stadtgründung hier. Mit dem Bau des heutigen Gebäudes wurde 1225 begonnen. Vor fast 800 Jahren! Errichtet wurde der Dom aus „westfälischem Marmor", einem Sandstein aus den Baumbergen. So heißt eine kleine Hügelkette etwa 20 Kilometer vor der Stadt. Wenn die tief stehende Sonne den Dom vor blauem Himmel anstrahlt, leuchtet dieser Stein fantastisch und bildet einen wunderschönen Kontrast zum grünen Domdach.

Im Dom gibt es viel zu entdecken

Der Dom ist 109 Meter lang, mit der Paradiesvorhalle 53 Meter breit und bietet Sitzplätze für 700 Menschen. Benannt ist er nach dem heiligen Paulus, einem wichtigen Apostel von Jesus. Das ganze Gebäude ist sehr eindrucksvoll, es gibt

Ein grünes Dach

Das so schön grün schimmernde Dach des Doms ist mit Kupferplatten bedeckt. Aber Kupfer ist doch nicht grün, sondern eben kupferfarben, also rötlich golden, denkst Du vielleicht. Und Du hast Recht! Aber an der Luft verändert sich Kupfer im Lauf der Jahre. Die oberste Schicht ist dann nicht mehr kupferfarben, sondern grün. Das nennt man Patina.

Mittwochs und samstags findet vor dem Dom Münsters berühmter Wochenmarkt statt

außen und innen viel zu entdecken. Besonders spannend für Dich ist sicher auch die echte Schatzkammer. Die kannst Du besichtigen. Der Domschatz umfasst über 700 wertvolle Stücke, mit viel Gold und Edelsteinen, kostbaren Stoffen und Figuren.

Die astronomische Uhr

Ein besonderes Schmuckstück ist die riesige astronomische Uhr samt Glockenspiel aus dem Jahr 1540. Sie zeigt Uhrzeit, Mondphasen und Planetenstellungen an. Die Zeit auf ihr abzulesen, ist verwirrend, weil der einzige Uhrzeiger ausgerechnet gegen den Uhrzeigersinn verläuft. Um Punkt zwölf Uhr mittags beginnt das Glockenspiel, dann kommen aus dem Inneren der Uhr kleine Figuren der Heiligen Drei Könige, um eine Runde um das in der Mitte dargestellte Jesuskind zu drehen. Das solltest Du Dir nicht entgehen lassen! Zu jeder vollen Stunde kannst Du sehen, wie ein Tutemännchen in sein Horn trompetet und seine Frau danach einen Glockenschlag auslöst, während auf der anderen Seite der Uhr Gevatter Tod persönlich jede Viertelstunde einmal eine Glocke läutet und der griechische Zeitgott Chronos dazu eine Sanduhr umdreht.

Stadt der Kirchen

Warum in Münster so oft die Glocken läuten

Dass es viele Kirchen in Münster gibt, hast Du ja schon gelesen. Nicht weit vom Dom entfernt steht die Lambertikirche, benannt nach St. Lambertus, früher Bischof im niederländischen Maastricht. Ein Bild von ihm kannst Du gegenüber sehen, oben am Giebel des Eckhauses am Lambertikirchplatz 1. Früher war ja der Bischof alleiniger Herrscher, doch später wurden die Bürger immer wichtiger und reicher. Um das zu zeigen, bauten sie ihre eigene Kirche, die Lambertikirche. Erste Vorgänger wurden um das Jahr 1000 errichtet, die Bauarbeiten an der heutigen Kirche begannen 1375. Besonders auffällig sind die große, goldene Uhr und die Wiedertäuferkäfige direkt darüber. Im Turm befinden sich acht große Glocken, die über 500 Jahre alt sind.

50 katholische Gotteshäuser

Nur wenige Meter sind es vom Dom über die Aa zur Liebfrauen-Überwasserkirche, die die meisten nur als Überwasserkirche kennen. Sie heißt so, weil sie auf der anderen Seite der Aa steht, man muss also „über das Wasser" zu ihr gehen. Heute kann man den Fluss leicht übersehen, so zugebaut ist er. Der Überwasser-Kirchturm hat keine Spitze mehr, sondern ein flaches Dach. Schuld daran sind die Wiedertäufer, die sie herunterstürzten, um dort Kanonen aufzustellen. Danach wurde die Spitze wieder aufgebaut, fiel aber 150 Jahre später bei einem Orkan wieder runter. Dann waren die Münsteraner es leid und beließen es beim Flachdach.

Wenn man vom Centrum über die Ludgeristraße Richtung Süden geht, kommt man zur Ludgerikirche. Sie wurde schon ab 1173 gebaut. Während des Zweiten Weltkriegs wurde sie stark beschädigt, der Jesus am Kreuz im Seitenschiff verlor beide Arme, ein Splitter durchlöcherte seine Brust. Die Kirche wurde wieder aufgebaut, das Kreuz aber ließ man so und versah den nun armlosen Jesus mit dem Bibelspruch „Ich habe keine anderen Hände als die Euren." Aber das ist noch längst nicht alles: Allein in der Innenstadt kannst Du insgesamt zehn katholische Kirchen bestaunen, in ganz Münster sind es um die fünfzig! Dazu kommen noch Kapellen, Klosterkirchen und natürlich evangelische Kirchen und andere Gotteshäuser. Kein Wunder also, dass es entweder regnet oder die Glocken läuten in Münster – und am Sonntag beides gleichzeitig.

Die Türmerin von St. Lamberti

Schon im Mittelalter wachte im Turm der Lambertikirche ein Türmer über den Schlaf der Münsteraner und achtete darauf, ob es irgendwo brannte. Damit die Bürger das beruhigende Gefühl hatten, dass jemand auf sie aufpasste, blies er nachts regelmäßig in ein Horn. Diese Tradition gibt es noch heute. Allerdings bekleidet seit 2014 erstmalig eine Frau dieses Amt: Martje Saljé hat ihre kleine Amtsstube hoch oben im Turm der Lambertikirche und tutet nachts in ihr Horn. Zwischen neun Uhr abends und Mitternacht kann man sie halbstündlich hören, außer dienstags. Wenn Du ihr nach dem Tuten zuwinkst, winkt sie sicher zurück.

A2 Die Kirchen von Münster
Lambertikirche

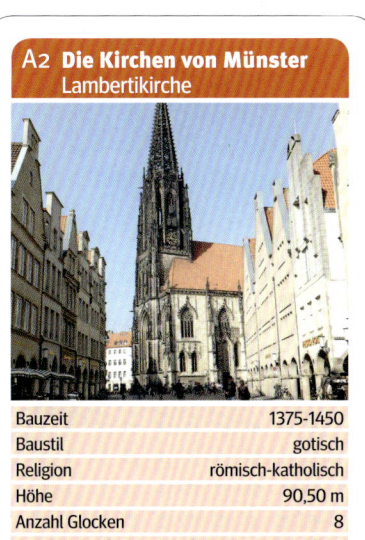

Bauzeit	1375-1450
Baustil	gotisch
Religion	römisch-katholisch
Höhe	90,50 m
Anzahl Glocken	8
Gewicht der (schwersten) Glocke	2400 kg

E3 Die Kirchen von Münster
Liebfrauen-Überwasserkirche

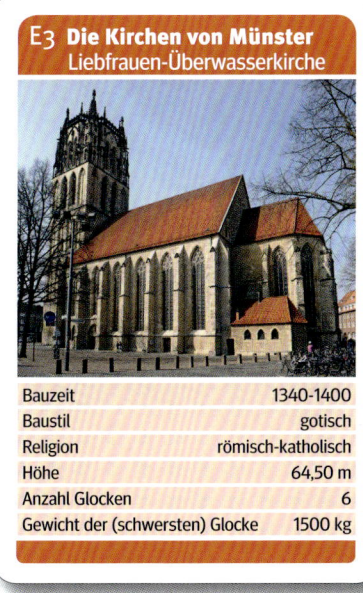

Bauzeit	1340-1400
Baustil	gotisch
Religion	römisch-katholisch
Höhe	64,50 m
Anzahl Glocken	6
Gewicht der (schwersten) Glocke	1500 kg

D2 Die Kirchen von Münster
Apostelkirche

Bauzeit	Mitte des 13. Jahrhunderts
Baustil	gotisch
Religion	evangelisch
Höhe	35,00 m
Anzahl Glocken	3
Gewicht der (schwersten) Glocke	140 kg

A1 Die Kirchen von Münster
St.-Paulus-Dom

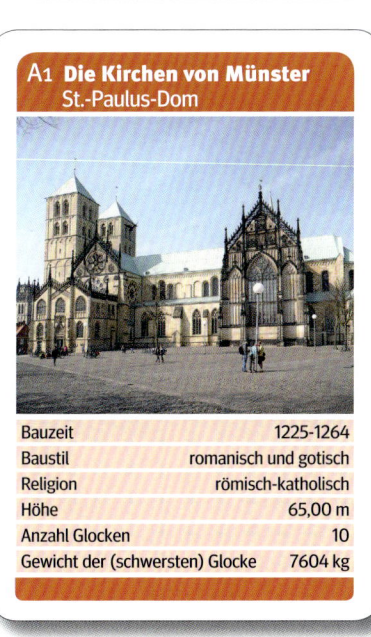

Bauzeit	1225-1264
Baustil	romanisch und gotisch
Religion	römisch-katholisch
Höhe	65,00 m
Anzahl Glocken	10
Gewicht der (schwersten) Glocke	7604 kg

B3 Die Kirchen von Münster
Kreuzkirche

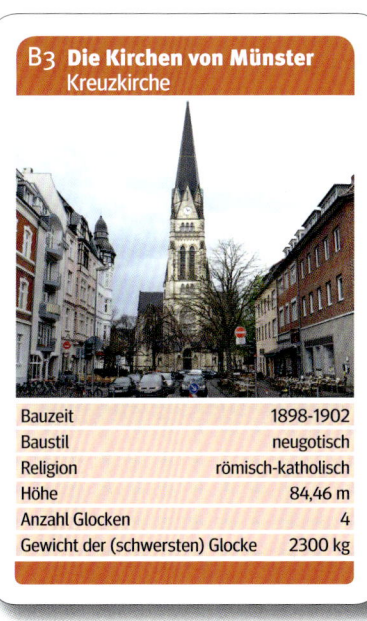

Bauzeit	1898-1902
Baustil	neugotisch
Religion	römisch-katholisch
Höhe	84,46 m
Anzahl Glocken	4
Gewicht der (schwersten) Glocke	2300 kg

B2 Die Kirchen von Münster
Herz-Jesu-Kirche

Bauzeit	1895-1900
Baustil	neugotisch
Religion	römisch-katholisch
Höhe	94,63 m
Anzahl Glocken	6
Gewicht der (schwersten) Glocke	4860 kg

C2 Die Kirchen von Münster
Clemenskirche

Bauzeit	1745-1753
Baustil	barock
Religion	römisch-katholisch
Höhe	36,29 m
Anzahl Glocken	1
Gewicht der (schwersten) Glocke	500 kg

A4 Die Kirchen von Münster
Ludgerikirche

Bauzeit	1173-1220
Baustil	spätromanisch und gotisch
Religion	römisch-katholisch
Höhe	46,00 m
Anzahl Glocken	4
Gewicht der (schwersten) Glocke	1400 kg

C3 Die Kirchen von Münster
Dominikanerkirche

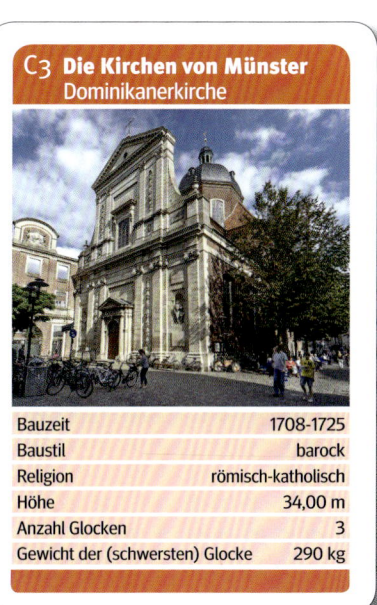

Bauzeit	1708-1725
Baustil	barock
Religion	römisch-katholisch
Höhe	34,00 m
Anzahl Glocken	3
Gewicht der (schwersten) Glocke	290 kg

Der Prinzipalmarkt

Die bekannteste Straße Münsters ist der Prinzipalmarkt, „Münsters gute Stube". Wenn ein Film in Münster spielt, kannst Du drauf wetten, dass der Prinzipalmarkt irgendwann im Bild ist. Am Fuß des Doms hatten sich hier schon um das Jahr 1000 Kaufleute niedergelassen, Stände vor ihren Häusern aufgebaut und durch Abdeckungen vor dem ständigen Regen geschützt. Die Stadt blühte und gedieh, die Kaufleute wurden immer reicher und bauten ihre Häuser weiter aus. Die überdachten Stände wurden schließlich in die Gebäude mit eingebaut. So entstanden die Bogengänge: Die Bürgersteige am Prinzipalmarkt sind durch diese steinernen Bogenkonstruktionen heute fest überdacht. 48 Giebelhäuser schmücken den Prinzipalmarkt und geben ihm sein unverwechselbares Aussehen. Ihre Giebel, also die Stirnseiten der Dächer, sind besonders prächtig, teilweise über drei Stockwerke ausgebaut. Am bekanntesten ist das Rathaus. Aber jedes Haus hier ist einzigartig. Die ersten wurden schon um 1300 errichtet und sind also über 700 Jahre alt. Nach dem Krieg wurden die alten Giebelhäuser zwar wieder aufgebaut, bei manchen sind die Giebel jetzt aber nur noch Kulisse, damit es schöner aussieht. Dahinter befindet sich in Wirklichkeit nichts mehr.

Dieser wunderschöne, alte Marktplatz, der eher wie eine breite Straße wirkt, ist für den normalen Autoverkehr gesperrt. Nur Busse, Taxis und Tausende Fahrräder rauschen lautstark über das rumpelige Kopfsteinpflaster. Und weil man auf dem Prinzipalmarkt nicht hupen darf, haben Münsters Busse eine Klingel.

Giebelhäuser

Giebel nennt man die zur Straße stehende Schmalseite von Dächern. Hinter einigen Giebeln auf dem Prinzipalmarkt ist seit dem Krieg allerdings gar kein Dach mehr.

Römische Bogengänge

Während der Verhandlungen zum Westfälischen Frieden hatte auch der Papst in Rom einen Gesandten nach Münster geschickt. Später wurde dieser Gesandte selbst zu Papst Alexander VII. Die Bogengänge des Prinzipalmarkts haben ihm so gut gefallen, dass er einen Architekten beauftragte, sie fast gleich aussehend auf dem Petersplatz in Rom nachzubauen.

Münsters Studentinnen und Studenten lieben das Radfahren

Universitätsstadt Münster

Jeder sechste Münsteraner studiert

In Münster befindet sich die drittgrößte Universität Deutschlands. Sie heißt Westfälische Wilhelms-Universität und ist benannt nach Wilhelm II., dem letzten deutschen Kaiser und preußischen König. An ihr studieren und forschen etwa 40 000 Studenten in 250 Fächern von A wie Archäologie bis Z wie Zoologie. Dies geschieht in Instituten, Museen und Krankenhäusern, die über die ganze Stadt verteilt sind. Mit den anderen Hochschulen hat

Münster 55 000 Studierende. Das Hauptgebäude der Universität ist das Schloss. Es ist wie der Dom und das Rathaus aus Baumberger Sandstein gebaut und war das letzte Barockschloss, das in Deutschland errichtet wurde. Nach dem Zweiten Weltkrieg wurde es an die Universität übergeben. Besonders schön ist der riesige Schlossgarten, eine grüne Oase mitten in der Stadt. Hier befindet sich auch der sehenswerte Botanische Garten der Universität, in dem selte-

Warum in der Uni büffeln, wenn am Aasee die Sonne scheint?

Zur Uni gehören auch das Krankenhaus mit den berühmten Bettentürmen (oben) und Forschungslabors (unten)

ne Pflanzen aus aller Welt gezeigt werden. Für Kinder gibt es ein eigenes Heft, mit dem Du dort auf Entdeckungstour gehen kannst! Rund um das Schloss finden im Sommer Veranstaltungen statt, zu denen halb Münster strömt. Zum Beispiel Konzerte, Filmvorführungen oder ein wichtiges Reitturnier, das „Turnier der Sieger".

Ein Schloss braucht einen Schlossplatz

Zwischen Schloss und Altstadt befindet sich ein großer Platz. Genau genommen: der größte unbebaute Platz innerhalb einer Stadt in ganz Deutschland. Er heißt Schlossplatz und dient meistens als riesiger Parkplatz. Dreimal im Jahr findet hier aber der Send statt (siehe Seite 40).

Das Münster-Meerschweinchen

Im Jahr 2004 entdeckten Biologen ein neues Meerschweinchen – an ihrem eigenen Institut! Die Tiere stammten aus Bolivien und wurden an der Uni Münster gehalten, ohne dass jemand wusste, dass diese Art noch gar nicht bekannt war. Sie trägt nun den wissenschaftlichen Namen *Galea monasteriensis*. Das bedeutet Münster-Meerschweinchen.

Die Promenade
von Zwingern und Fahrrädern

Die Promenade ist ein Fahrradparadies entlang der alten Stadtmauer

Im Mittelalter war Münster noch durch eine hohe und dicke Stadtmauer geschützt. Als Kanonen aufkamen, nutzte sie nicht mehr viel, außerdem wuchs die Stadt über die Mauer hinaus. 1763 fand Franz von Fürstenberg (siehe Seite 16), dass die Befestigungsanlage endgültig überflüssig sei, und ließ sie abreißen. Er beauftragte den zu dieser Zeit für praktisch alles zuständigen Architekten Schlaun, sie zu einer Art Park umzugestalten.

So entstand dieser 4,5 Kilometer lange Ring um die Innenstadt als Grünstreifen und Weg, umgeben von kleinen Liegewiesen, Spielplätzen, Blumenbeeten und Resten des alten Burggrabens. Der Weg selbst dient als eine Art Fahrrad-Rennstrecke, auf der die Radler, nur selten von Straßen und Ampeln belästigt, besonders schnell vorankommen.

An einigen Stellen findet man noch Überbleibsel der alten Stadtmauer. Besonders bekannt ist der Zwinger. Mit seinen 4,60 Meter dicken Wänden war er einer der mächtigsten Festungstürme Deutschlands. Später diente er als Gefängnis für besonders gefährliche Verbrecher. Während des Zweiten Weltkriegs wurden hier viele Menschen von den Nazis ermordet. An diese grausige Zeit erinnert heute das Kunstwerk „Das gegenläufige Konzert" im Zwinger. Flackerndes Licht und das Klackern von 42 metallenen Hämmern sorgen für eine eigenartige Atmosphäre, dabei tropft beständig Wasser aus der Decke in eine tiefe Zisterne. Sehr eindrucksvoll, aber auch unheimlich – wie der ganze Ort eben.

Ein weiteres wichtiges Überbleibsel der Stadtbefestigung ist der Buddenturm. Hier kannst Du anhand von stehen gebliebenen Resten gut erkennen, wie mächtig die Mauer einst war.

Der Zwinger ist der unheimlichste Ort an der Promenade

Fahrräder haben in Münster Vorfahrt

Fahrradfahren in Münster

Viele Radfahrer im Straßenverkehr
Die Zahlen geben an, wie viel Prozent der Wege in der Stadt die Einwohner mit dem Fahrrad fahren.

Münster
(40%)

Kopenhagen
(32%)

Amsterdam
(22%)

Bern
(11%)

Breslau
(4%)

Ganz schön viele: Fahrradständer am Hauptbahnhof

Fahrraddiebstähle
pro 100.000 Einwohner im Jahr. Münster liegt im Vergleich mit den größten deutschen Städten an der Spitze.

1. Münster (1552)
2. Hamburg (893)
3. Berlin (786)
4. München (381)

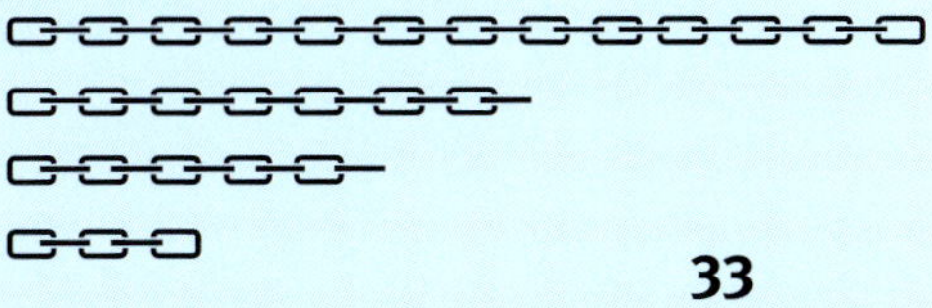

33

Der Aasee

Wassersport und Chillen

Wo früher die Aa immer mal wieder über die Ufer trat, ist heute der Aasee ein Segelrevier mitten in der Stadt

D ie Furt über die Aa war die Keimzelle von Münster, und noch heute wird die Stadt stark von dem Gewässer geprägt. Allerdings nicht durch das wenig eindrucksvolle Flüsschen selbst, sondern durch den aufgestauten Aasee. So klein die Aa ist, sie verursachte frü-

her doch regelmäßig große Überschwemmungen. Der genial-verrückte Professor Landois (siehe Seite 43) kam auf die Idee, die Aa aufzustauen und so die Überschwemmungsgebiete in einen großen, dauerhaften See zu verwandeln. 1936 begannen die Stadtherren mit der Umsetzung, 1976

Bitte einsteigen! Mit der Solaaris geht´s bis zum Zoo.

Skulptur (siehe Seite 44). Wege zum Spazierengehen, Joggen und Fahrradfahren führen um den See. Auf ihm kannst Du segeln oder Tretboot fahren, und von den Aasee-Terrassen aus hast Du bei Kaffee und Kuchen einen wunderbaren Blick über das Gewässer.

Ein kleiner Weg folgt dem Ufer der Aa mitten durch die Innenstadt, ein verwunschener, stiller, grüner Pfad mitten durch die City. Er dient auch als stadtökologischer Naturlehrpfad, den Du bei einem schönen Spaziergang erkunden kannst.

wurde der See noch einmal kräftig auf seine heute etwa 40 Hektar erweitert – so groß wie 56 Fußballfelder!

Von Frühjahr bis Herbst fährt täglich das mit Sonnenenergie betriebene Passagierschiff „Solaaris" über den Aasee von der Boots-Anlegestelle an den Aasee-Terrassen bis zu Mühlenhof und Zoo mit Naturkundemuseum. Du kannst es nutzen, um von der Innenstadt zu diesen Attraktionen zu gelangen. Oder auch einfach nur, um eine Rundfahrt durch die Aasee-Wasserlandschaft zu unternehmen, bei der man die Stadt aus einer ganz neuen Perspektive erlebt. Ein großer Spaß! Am Ufer des Aasees befinden sich große Liegewiesen, auf denen zur Innenstadt hin drei große Betonkugeln liegen – eine bedeutende moderne

Aa oder A-a?

Eule Xabi hat sich am Anfang ziemlich über den ulkigen Namen der Aa gewundert. Man spricht ihn aber einfach nur „a", wie beim Zahnarzt, nicht „A-a", wie auf der Toilette. Der Name stammt vom sächsischen Wort „Ahwa", das „Wasser" bedeutet.

Verliebter Schwan

Auf dem Aasee kannst Du in einem Tretboot in Schwanenform fahren. Obwohl das größer als ein Mensch ist, verliebte sich 2006 ein leibhaftiger schwarzer Trauerschwan in das Boot und wich ihm über zwei Jahre nicht von der Seite, ob an der Anlegestelle, bei Fahrten über den See oder im Winterquartier. Die Geschichte wurde in den Medien auf der ganzen Welt erzählt, das Schwanenweibchen auf den Namen „Schwarze Petra" getauft. Dann verschwand Petra plötzlich, tauchte aber 2013 wieder auf: Verletzt und abgemagert war sie in eine Vogelschutzstation in Osnabrück gekommen, wo sie gesund gepflegt wurde, sich neu in einen echten Schwan verliebte und schließlich sogar zwei kleine Schwanenküken ausbrütete und aufzog.

Der Kiepenkerl

„Gueden Dag! Ick bin de Kiepenkiärl ut Mönster."

enn Du ein bisschen in Münster unterwegs bist, wird Dir mit Sicherheit der Kiepenkerl auffallen. Er ist eines der bekanntesten Wahrzeichen der Stadt. Du kannst ihn als Figur in Andenkenläden, auf zahlreichen Büchern und Broschüren, leibhaftig im Freilichtmuseum Mühlenhof und ganz sicher als großes Denkmal sehen, natürlich im Kiepenkerlviertel vor den westfälischen Restaurants „Großer Kiepenkerl" und „Kleiner Kiepenkerl" am Spiekerhof. Das Denkmal zeigt einen bronzenen Mann mit einem großen Korb auf dem Rücken, mit Eiern, Kartoffeln und einem Hasen. Dieser Tragekorb heißt Kiepe, und der Kerl, der ihn trägt, ist der Kiepenkerl. Logisch, oder?

Die Kiepenkerls konnten Multi-Tasking

Kiepenkerls gab es wirklich. Sie brachten vor über hundert Jahren Lebensmittel von den Bauernhöfen im Umland auf die Märkte der Stadt. Auf dem Rückweg nahmen sie dann Produkte aus der Stadt mit aufs Land. Zu ihren Markenzeichen gehörten eine Pfeife, der Knotenstock, ein blauer Leinenkittel, ein rotes Halstuch und Holzschuhe. Die Kiepenkerls dienten nicht nur dem Warentransport, sondern waren auch Nachrichtenüberbringer und Heiratsvermittler. Es gab ja noch kein Telefon und erst recht nicht E-Mails, SMS oder WhatsApp.

Die Leckereien im Korb des Kiepenkerl-Denkmals sind leider nur aus Bronze

Freilichtmuseum Mühlenhof

Wenn Du sehen möchtest, wie die Menschen im Münsterland zu Zeiten der Kiepenkerls gelebt haben, solltest Du unbedingt das tolle Freilichtmuseum Mühlenhof am Aasee besuchen. Hier stehen 30 Häuser und Mühlen aus dem 17. bis 19. Jahrhundert, originalgetreu aufgebaut und eingerichtet. Die Hauptattraktionen sind die Bockwindmühle, die nach ihrer Ausmusterung im Emsland einfach komplett hierher gebracht wurde, sowie der große Gräftenhof. Im Dorfladen, Bienenhaus oder der Schmiede kannst Du hautnah nachempfinden, wie der Berufsalltag der Landbevölkerung vor 100–300 Jahren aussah. Regelmäßig werden Vorführungen oder Führungen angeboten – manchmal sogar von einem Kiepenkerl.

Vom Arbeiter- zum Vergnügungsviertel

Münsters Hafen und die Geheimsprache Masematte

Wer bei Sonnenschein einen Sitzplatz am Hafen ergattert, kann sich glücklich schätzen

B ei Münster denkt man nicht gerade an eine Hafenstadt, sind doch die einzigen nennenswerten Gewässer in der Nähe höchstens für Paddelboote schiffbar. Tatsächlich aber sorgte der Dortmund-Ems-Kanal nach seiner Fertigstellung 1899 für die Anbindung an die Schifffahrt, die damals zum Transport von Rohstoffen und Industriegütern eine große Bedeutung hatte. Rasch entstand ein Industrie- und Arbeiterviertel. Das war sehr ungewöhnlich für das sonst durch Handel, Verwaltung, Universität und Landwirtschaft geprägte Münster. Arbeiter aus Polen, Italien und den Niederlanden kamen hierher und ließen sich im Hansaviertel nieder. Vom Schimpfwort „Muffen" für Holländer kam schließlich der Spitzname „Klein-Muffi" für das Viertel. Das ganze Viertel hatte nicht gerade den besten Ruf, seine Bewohner galten als kriminell, extremistisch oder

ungebildet. Hier wurde viel Plattdeutsch gesprochen, und es gab sogar eine eigene „Geheimsprache": Masematte. Eigentlich waren das nur etwa 500 „Geheimwörter", die von den Bewohnern von Klein-Muffi, aber auch anderen ärmeren Münsteranern, fliegenden Händlern, Arbeitern, Juden und den damals Zigeuner genannten Sinti und Roma benutzt wurden, um sich gegen die Obrigkeit und die Polizei abzugrenzen und um ein Zusammengehörigkeitsgefühl zu zeigen. Zumindest einige Wörter sind bis heute in der Stadt sehr bekannt. Du solltest sie Dir einprägen, wenn Du öfter hier unterwegs bist. Die beiden schofelen Seegers rechts verraten Dir einige davon.

Der Kai wurde kreativ

Mit dem Siegeszug der Lastwagen und Autobahnen verlor der Hafen seine Bedeutung und

„Fahr mit der Leeze, du Seeger!"

Wenn Du als Besucher auf echte Münsteraner triffst, wirst Du schnell einige Wörter hören, die Du nicht verstehst. Das sind Reste von Masematte, die in der Stadt zum allgemeinen Wortschatz gehören. Du begegnest ihnen manchmal auch im Namen von Cafés oder Läden. Zum Beispiel heißt der bekannteste Musik-Club „Jovel".

„Na, Seeger, wat kneisterste? Biste wat am ausbaldowern?"

„Wollte plümpsen, aber so'n schofler Keilof hat meine Badeplinte geschort."

Das kleine Masematte-Wörterbuch

abnippeln - sterben
ausbaldowern - ausdenken
Döppen - Augen
Kaline - Mädchen
Keilof - Hund
kneistern - gucken
Leeze - Fahrrad

Pani - Wasser
Patte - Geldbörse
Plinte - Hose
plümpsen - schwimmen
Seeger - Kerl
schofel - fies
schoren - stehlen

verfiel. Da beschloss die Stadt, das Hafengebiet zum „Kreativkai" zu erklären und völlig umzubauen. Künstler, Clubs und Restaurants wurden angelockt, Wohnraum und Geschäftsräume sind neu entstanden. Inzwischen gehört es zu den belebtesten Ausgeh-Ecken der Stadt, zumal die Halle Münsterland, das große Cineplex-Kino, das Jovel und das Hawerkamp-Gelände mit seinen Discos und Konzerträumen in Fußentfernung liegen. Das alljährliche Hafenfest ist mit zehntausenden Besuchern zu einem der größten Ereignisse in Münster geworden, mit Live-Musik und einem bunten Programm für die ganze Familie.

Der Send

Münsters großer Jahrmarkt ist so alt wie die Stadt

Zu den großen Attraktionen Münsters gehört zweifellos der Send. So heißt der dreimal im Jahr (Frühjahr, Sommer, Herbst) stattfindende große Jahrmarkt. Der Send gehört zu Münster wie der Dom – und ist sogar noch älter! Schon bald nach der Gründung des Klosters lud der Bischof Geistliche ein, also Priester und Mönche. Da das eine ganze Menge waren, die oft mit Gefolge reisten, kamen zu diesen sogenannten Synoden viele Menschen in die Stadt. Bereits im 11. Jahrhundert nutzten das die Händler der noch jungen Stadt, um am Fuß des Doms einen Markt abzuhalten – der Send war geboren.

Das Send-Schwert warnt die Spitzbuben

Der Name leitet sich von „Synode" ab. Weil das Markttreiben ebenso bunt wie manchmal auch etwas wild war, galten während des Sends strengere Strafen als üblich, wenn jemand gegen Gesetze verstieß. Zur Warnung wurde seit 1578 während der Send-Tage ein Schwert an das Rathaus gehängt, das von einem Holzarm gehalten wurde: das Sendschwert. Dort hing es über die Jahrhunderte, bis es im Jahr 2000 von gemeinen Dieben geklaut wurde und bis heute verschwunden blieb. Seither hängt während der Sendtage nur noch eine Nachbildung am Rathaus.

Seit hundert Jahren bereits findet der Send auf dem großen Schlossplatz statt. Auch heute noch lockt er mit Marktständen, hauptsächlich für Kunsthandwerk und Leckereien, aber vor allem mit Karussells, Achterbahnen, einem Riesenrad, einem Autoscooter, einer Geisterbahn, Losbuden und vielen anderen Spielständen. Am Freitagabend wird immer ein tolles Feuerwerk veranstaltet, das man auch von weitem noch sehen und hören kann.

Westfälische Weihnacht

Im Winter gibt es zwar keinen Send, dafür aber einen sehr traditionsreichen und berühmten Weihnachtsmarkt, für den viele Menschen eigens nach Münster reisen. Genau genommen sind es sogar mehrere Weihnachtsmärkte, die mit weit über hundert Buden über die Innenstadt verteilt sind. Hier werden Weihnachtsschmuck, handgemachtes Spielzeug und anderes Kunsthandwerk angeboten. Natürlich gibt es auch reichlich Stände für Essen und Trinken. Und die ganze Stadt ist dazu wunderbar festlich geschmückt und erleuchtet.

Helau!

Münster ist Karnevalsstadt. Über 30 Karnevalsvereine feiern die fünfte Jahreszeit ab dem 11. November bis zum Aschermittwoch. Höhepunkt des närrischen Treibens ist der große Rosenmontagszug mit vielen Motivwagen, von denen die Narren Bonbons in die Menge werfen. Er startet am Schlossplatz. Immer nehmen auch holländische Karnevalsvereine mit eigenen Wagen und Kapellen teil. Am Montag zuvor wird im Stadtteil Wolbeck der Ziegenbocksmontag gefeiert. Da und in anderen Stadtteilen gibt es kleinere Umzüge.

Der Allwetterzoo

Tiere bestaunen auch bei Regen

Der Zoo bietet viele Möglichkeiten, direkt mit den Tieren in Kontakt zu kommen. Hier können die Besucher sogar die Elefanten füttern.

Im Jahr 1873 rief der Biologe, Theologe, Dichter und stadtbekannte schräge Vogel Professor Hermann Landois zur Gründung eines zoologischen Gartens in Münster auf. Zwei Jahre später konnte er ihn als Zoodirektor an der Promenade am heutigen Aasee eröffnen. Rund hundert Jahre lag er dort, mitten in der Stadt und daher ohne Erweiterungsmöglichkeiten. Weil man inzwischen aber andere Vorstellungen von artgerechter Tierhaltung hatte, beschloss die Stadt einen kompletten Neubau auf viel größerer Fläche weiter außerhalb. Auf dem damaligen Zoogelände stehen heute die modernen Bauten der Bank LBS – als eine Art Denkmal ist noch heute der alte Eulenturm zu besichtigen. Der neue, viel größere Zoo eröffnete 1974. Er war – im wahrsten Sinne des Wortes wie aus einem Guss – in einer damals als äußerst modern und fortschrittlich geltenden Beton-Architektur gehalten. Als besonderes Gimmick war man auf die Idee gekommen, alle Tierhäuser mit überdachten Gängen zu verbinden. So kann man

Der überdachte Hauptweg erlaubt die Zoobesichtigung trockenen Fußes; der dafür verwendete Beton fällt heute kaum noch auf

Entspanntes Abhängen im Katta-Gatter

auch beim berüchtigten münsterschen Regenwetter trockenen Fußes durch den Zoo spazieren. Daher der Name „Allwetterzoo". Dumm nur, dass Beton bald darauf überhaupt nicht mehr als schick galt, sondern als hässlich und lebensfeindlich. Trotzdem ist es dem Allwetterzoo gelungen, zu einem der besten und schönsten Zoos Europas zu werden. In den letzten zwanzig Jahren wurde praktisch der ganze Zoo umgebaut und an modernste Vorstellungen von guter Tierhaltung angepasst. Das neuste Juwel ist der riesige Elefantenpark, der 2014 eröffnet wurde.

Der Mann mit Vogel

Der Gründer von Zoo und Naturkundemuseum, Professor Landois, der von 1835 bis 1905 lebte, gehört zu den schillerndsten Originalen der Stadt. Zunächst wurde er Priester, aber seine Trinkfreudigkeit, sein schräger Humor, reichlich Aufsässigkeit und sein Glaube an Darwins Evolutionstheorie waren zu viel für die Kirche, die ihn kurzerhand rausschmiss. Daraufhin wurde er Biologielehrer am Gymnasium Paulinum – aus dem er als Schüler ebenfalls rausgeflogen war. Stets lief Landois mit auffälligem Zylinder, einer Pfeife und einem schwarzen Gehrock herum.

Um Geld für den Zoo zu sammeln, veranstaltete er blutige Kämpfe zwischen (echten!) Hündchen und Ratten und führte selbst geschriebene Theaterstücke auf. Er kaufte Nachbildungen der Wiedertäuferkäfige, stellte sie im Zoo aus und behauptete, sie seien echt, was zur völligen Verwirrung vieler Bürger führte (die Landois-Käfige stehen heute im Stadtmuseum).

Bei allem Spaß war der Professor auch ein hervorragender Zoologe. Und er war selbst sein größter Fan: Er ließ ein lebensgroßes Denkmal von sich anfertigen – und hielt zur Einweihung auch gleich die Lobrede auf sich. Es steht heute im Zoo. Im seinem Zylinder befindet sich ein Nistkasten für Vögel. Damit es für was nützlich sei, wie Landois sagte.

Und das soll Kunst sein?

Münster ist die Welthauptstadt der Skulpturen

Über die Frage, ob die riesigen Betonkugeln am Aasee Kunst sind, wurde wild gestritten

D as hätte vor fünfzig Jahren auch niemand gedacht, dass Münster mal zu einem weltweit bekannten Wallfahrtsort für moderne Kunst würde. Aber so ist es – heute gehört die Stadt zu den wichtigsten Kunststädten Europas.

Das liegt in erster Linie an der seit 1977 alle zehn Jahre stattfindenden Ausstellung „Skulptur Projekte", der weltweit wichtigsten Ausstellung für Kunst im öffentlichen Raum. Während der 100 Tage dauernden Schau verwandelt sich die ganze Stadt in eine riesige Kunstausstellung. Sie quillt über vor Besuchern aus aller Welt, überall stehen Skulpturen der angesehensten Bildhauer und Installationskünstler. Die Erfolgsgeschichte begann mit einem richtigen Skandal: Ein Objekt der ersten Ausstellung vor fast 40 Jahren waren drei riesige Betonkugeln, die „Giant Pool Balls", also „Riesen-Billardkugeln", die auf der zur Innenstadt gelegenen Aasee-Wiese „liegen".

1. Diese Skulptur heißt „Münsters Geschichte von unten", sie zeigt den von den Nazis misshandelten Münsteraner Paul Wulf, der nach dem Krieg Material über diese und ähnliche Verbrechen sammelte. Die Skulptur auf dem Servatiiplatz ist gleichzeitig eine Litfasssäule.

2. Auf dem Marienplatz steht die Skulptur „100 Arme der Guan-yin", in Münster oft nur „Flaschentrockner" genannt

3. „Schiff für Münster" heißt diese Skulptur an der Ecke Mendelstraße/Horstmarer Landweg. Das „Schiff" ist eine 43 Meter lange und fünf Meter breite Insel mit zwei Pappeln und einem Pavillon, umgeben von einem Wassergraben.
4. Die ehemals eklige Toilette unter dem Domplatz wurde als Skulptur neu errichtet, mit buntem Kronleuchter. Man kann dort aber immer noch aufs Klo gehen.

„Und das soll Kunst sein?", fragten sich viele Münsteraner empört und waren schier entsetzt, als die Kugeln anschließend auch noch von der Stadt gekauft wurden.

Ganz Münster ist ein Museum

Seither liegen sie da, anfangs wild umstritten, immer wieder neu beschmiert und bemalt, gehasst und geliebt. Und haben dabei das Bild des modernen Münster wie kaum etwas anderes weit über die Stadtgrenzen bekannt gemacht. Heute sind sie eines der berühmtesten Wahrzeichen der Stadt. Wenn Du aufmerksam durch Münster gehst, findest Du noch viel mehr interessante Skulpturen, denn nach jeder Ausstellung werden einige Kunstwerke gekauft. Ein „Skulptour" genannter Weg verbindet die Werke, die noch in der Stadt stehen. Eine auch für Kinder spannende Wanderung! Die Wegbeschreibung kannst Du Dir sogar als App aufs Handy laden.

Preußen, Pferde und der USC – Münster sportlich

*Sehr erfolgreich: die Volleyballerinnen vom USC
Oben: Beim „Turnier der Sieger" vor dem Schloss treten
jedes Jahr Spitzen-Reiter aus der ganzen Welt an*

Natürlich ist Münster auch eine sportliche Stadt. Du kannst hier praktisch jede Sportart im Verein betreiben, fast überall gibt es auch Mannschaften oder Gruppen für Kinder. Außerhalb von Vereinen lässt sich hier ebenfalls viel Sport treiben, vom Münsteraner Volkssport Nummer eins, dem Fahrradfahren, über Segeln auf dem Aasee bis zum Schwimmen in einem der vielen Bäder.
In den meisten Städten ist der wichtigste Sport für Zuschauer und Fans aber natürlich der Fußball. In Münster heißt der Fußballclub „Preußen Münster". Bei seiner Gründung 1906 durch

Schüler des Johann-Conrad-Schlaun-Gymnasiums gehörte Münster ja noch zu Preußen.
Die größten Erfolge von Preußen Münster liegen allerdings länger zurück. 1951 war der Verein deutscher Vize-Meister und 1963 bei der Bundesliga-Gründung dabei – stieg allerdings nach der ersten Saison ab. Trotzdem ist die Liebe der Münsteraner zu ihren Fußballhelden ungebrochen. Immerhin haben dort auch schon Fußballer gespielt, die später sehr bekannt wurden, etwa der Nationalspieler Christoph Metzelder. Sehr erfolgreich sind Münsters Volleyballerinnen. Sie spielen ganz vorne in der Volleyball-

Viel heiße Luft

Sehr beliebt sind in Münster und Umgebung auch Fahrten mit dem Heißluftballon. Vermutlich weil das Münsterland so schön flach ist. Wenn Du selbst mitfährst, kannst Du von da oben richtig weit gucken. Jedes Jahr im Herbst gibt es in Münster die Montgolfiade. Das ist ein Wettrennen mit Heißluftballons. Da macht es Spaß, zum Himmel zu schauen und die vielen bunten Ballons mit den Körben unten dran durch die Wolken schweben zu sehen.

Oben: Der Preußen-Nachwuchs ist immer am Ball
Rechts: Reiner Klimke hat es als Olympiasieger sogar auf eine arabische Briefmarke geschafft

Bundesliga mit und sind schon mehrfach deutscher Meister geworden. USC steht übrigens für Universitäts-Sportclub.

Münsterland – Pferdeland

Aber am wichtigsten ist der Reitsport. Einige der bedeutendsten Gestüte für Turnierpferde liegen im Münsterland, und mehrere deutsche Olympiasieger stammen aus Münster. Reiten gehört einfach zur münsterländischen Kultur dazu. Das kannst Du selbst erfahren, wenn Du an einem der vielen Reiterhöfe Ausritte unternimmst, Reitkurse belegst oder auch einfach nur mal auf einem Pony reitest.

Die Pferdeflüsterer

Der bekannteste münstersche Sportler war Reiner Klimke (1936–1999), der sein Leben lang der Stadt treu geblieben ist. Er hat mehrfach für Deutschland im Dressur- und Vielseitigkeitsreiten an den Olympischen Spielen teilgenommen und so oft gewonnen, dass er bis heute der siegreichste Dressurreiter der Welt ist. Kein Wunder, dass er zum Ehrenbürger Münsters ernannt und nach seinem Tod in die Hall of Fame des deutschen Sports aufgenommen wurde, eine besondere Auszeichnung für die wichtigsten Sportler des Landes. Auch seine Tochter Ingrid Klimke ist eine bekannte Reitmeisterin und Olympiasiegerin geworden.

Perlen vor den Stadttoren

Die Vororte von Münster haben viel zu bieten

Der Drostenhof zu Wolbeck ist ein alter Adelssitz

Jetzt hast Du viel über die Innenstadt von Münster und ihre wichtigsten Sehenswürdigkeiten gelesen. Aber auch am Stadtrand gibt es besondere Orte, die einen Besuch wert sind.

Als vor über hundert Jahren die erste große Kläranlage für Münster gebaut wurde, hat man das Wasser zuerst grob gereinigt und dann auf eine riesige Wiesenfläche im Norden des Stadtteils Coerde geleitet, wo es langsam versickerte und dabei von Pflanzen und vom Boden gereinigt wurde. Später war dieses sogenannte Verrieseln nicht mehr nötig, aber in der Zwischenzeit war ein richtiger Feuchtbiotop entstanden, in den viele seltene Vögel kommen. Heute sind die sogenannten Rieselfelder sogar als Europareservat geschützt. Du kannst dort toll Fahrrad fahren, spazieren gehen und Vögel beobachten. Auch die Biologische Station lohnt einen Besuch, bei dem Du viel über die Natur lernen kannst.

Seltene Tiere im Moor

Ein anderes tolles Ziel ist das Venner Moor zwischen dem Stadtteil Amelsbüren und dem Nachbarort Senden. Es ist ein letztes noch erhaltenes Hochmoor-Gebiet, die es früher hier häufig gab. Das berühmte Gedicht „Der Knabe im Moor" von Annette von Droste-Hülshoff berichtet davon.

Die Kanalüberführung im Norden von Münster: eine Brücke für große Schiffe - und ein prima Badeplatz

Heute leben im Naturschutzgebiet Venner Moor noch seltene Vögel, Eidechsen und sogar Kreuzottern, die einzige Giftschlangenart Nordrhein-Westfalens.

Paddeln, Baden, Spazieren

Im Osten von Münster fließt die Werse. Auf diesem kleinen Fluss kannst Du hervorragend Kanu fahren. Ein bekannter Anlaufpunkt ist die Pleistermühle. Hier gibt es ein Café, einen Minigolfplatz und einen Kanuverleih. Falls Du reiten kannst, könnt Ihr ein Pferd für spannende Ausritte in die Werse-Landschaft bekommen. Ein kleines Stückchen weiter liegt der Stadtteil Handorf. Er ist bekannt für Ausflugslokale und Fahrradtouren über die berühmten münsterländischen „Pättkes" – so heißen hier kleine Wege. Außerdem steht in Handorf das Westfälische Pferdezentrum. Münsterland ist Pferdeland! In Wolbeck im Südosten der Stadt hatten die Bischöfe schon im Mittelalter ihren Landsitz samt einem großen Jagdgebiet. Es ist heute als Tiergarten bekannt und wunderbar zum Spazierengehen. Im Ortskern steht noch ein 500 Jahre alter Adelssitz, der Drostenhof. Der Nachbarstadtteil Angelmodde hat ein malerisches Zentrum und bietet einen Eindruck von einem typischen Münsterlanddorf. Außerdem

liegt hier die Fürstin von Gallitzin begraben (siehe Seite 17). In einem kleinen Museum erfährst Du mehr über ihre Zeit.
Unbedingt anschauen solltest Du Dir auch die Kanalüberführung, in Münster allseits nur als „KÜ" bekannt. Hier wird der Dortmund-Ems-Kanal über den Fluss Ems geleitet, und die großen Schiffe fahren über diese Brücke! Außerdem kannst Du dort prima baden und auf großen Liegewiesen herumtollen.

Die Werse ist perfekt zum Paddeln. Starten kannst Du zum Beispiel an der Pleistermühle.

Ab ins Grüne – das Münsterland

Wasserschlösser, Wildpferde und Pättkestouren

Das Münsterland ist berühmt für seine Wasserschlösser. Links oben: Schloss Ahaus; rechts oben: Haus Vögeding; links unten: Burg Vischering; rechts unten: Schloss Nordkirchen

Das Münsterland ist ein beliebtes Ausflugs- und Ferienziel. Hier kannst Du lange „Pättkestouren" mit dem Fahrrad unternehmen – die völlig flache und dabei hübsch abwechslungsreiche Landschaft ist perfekt dafür! Als Ausflugsziele bieten sich besonders die berühmten münsterländischen Wasserschlösser an. Auf ihnen lebten einst adelige Familien, die ihren Reichtum in prachtvolle Schlossbauten steckten. Viele dieser Burgen und Schlösser sind von großen Wassergräben umgeben – daher der Name.

Die 100-Schlösser-Route

Am bekanntesten ist Schloss Hülshoff bei Havixbeck, wo die bekannte Dichterin Annette von Droste-Hülshoff geboren wurde. Burg Vischering bei Lüdinghausen ist besonders beeindruckend, denn hier residierte im 13. Jahrhundert der Fürstbischof, und seither hat sich an dem mittelalterlichen Gebäude nicht mehr viel verändert. Ausnehmend hübsch ist Schloss Nordkirchen, das auch „Westfälisches Versailles" genannt wird, nach dem weltberühmten Prachtschloss des französischen Königs Ludwig XIV. Tatsächlich wurde das Schloss Ende des 18. Jahrhunderts nach französischem Vorbild gebaut. Das hat 30 Jahre gedauert! Hier lohnt es sich, ausgiebig durch den Schlosspark zu streifen. Es gibt noch viele andere Schlösser und Burgen im Münsterland. Sie sind durch einen langen Radweg, die 100-Schlösser-Route, miteinander verbunden. Ob es wirklich 100 sind, haben wir aber nicht nachgezählt.

35 Kilometer westlich von Münster liegt bei Dülmen das Merfelder Bruch. Dies ist der einzige Ort Deutschlands, wo Wildpferde seit dem Mittelalter frei leben. Im Sommer sieht man immer viele der 400 Tiere, und am letzten Mai-Samstag gibt es ein großes Spektakel, wenn sie zusammengetrieben und teilweise gefangen werden, damit die Herde nicht zu groß wird. Zur Weihnachtszeit lockt das nur zehn Kilometer von Münsters Innenstadt entfernte Telgte mit seinem großen Krippenmuseum. Hier kannst Du über 150 Krippen aus aller Welt bestaunen – und anschließend auf den größten Mittelalter-Lichter-Weihnachtsmarkt Deutschlands gehen, wo auch Zauberer, Falkner, Jongleure und Gaukler ihre Künste vorführen.

Alljährlicher Wildpferdefang im Merfelder Bruch

Die Dichterin

„O, schaurig ist's, übers Moor zu gehn" – vielleicht hast Du diesen berühmten Anfang des „Knaben im Moor" schon einmal gehört. Es ist das bekannteste Gedicht von Annette von Droste-Hülshoff, einer der wichtigsten deutschen Dichterinnen und Schriftstellerinnen, die von 1797 bis 1848 lebte. Früher war ihr Bild auf den 20-D-Mark-Scheinen zu sehen. Sie wurde auf Schloss Hülshoff in Havixbeck geboren, zehn Kilometer westlich von Münster. Viel Zeit verbrachte sie im sieben Kilometer entfernten Haus Rüschhaus, wo auch ihre berühmte Erzählung „Die Judenbuche" entstand. Heute befindet sich hier ein Droste-Museum. Sie lebte dort zurückgezogen, stand aber im steten Austausch mit der familia sacra (siehe S. 16) in Münster. Den Weg zwischen Burg Hülshoff und dem Rüschhaus legte sie häufig zu Fuß zurück – wer weiß, vielleicht ist genau dabei der „Knabe im Moor" entstanden.

Gesichter der Stadt

Schau mal, wer hier alles herkommt!

Götz Alsmann

ist Musiker und Entertainer sowie ein hervorragender Klavierspieler, der alte Schlager in moderne, anspruchsvolle Jazz-Klänge umgeschrieben hat und diese mit seiner Band bei sehr lustigen Konzerten überall in Deutschland in ausverkauften Hallen spielt. Außerdem moderiert er seit vielen Jahren Fernsehsendungen wie „Zimmer frei". In Münster ist er bekannt wie ein bunter Hund.

Professor Boerne und Kommissar Thiel

sind Figuren aus der Fernsehkrimi-Reihe „Tatort". Seit 2002 ermitteln der Gerichtsmediziner und der Polizeikommissar zweimal jährlich in Münster. Dargestellt werden sie von den bekannten Schauspielern Jan-Josef Liefers und Axel Prahl. Ihr „Tatort" war der erste Beitrag in dieser bekanntesten und ältesten deutschen Krimireihe, der auch sehr lustig ist. Das kam bei den Zuschauern so gut an, dass die „Münster-Tatorte" heute die beliebtesten Spielfilme im deutschen Fernsehen überhaupt sind. In Münster sind die beiden inzwischen echte Helden – obwohl die Schauspieler gar nicht hier leben. Für Dich sind die Filme aber noch nichts, bei allem Spaß geht es doch recht blutig und manchmal auch gruselig zu.

Lisa Feller

ist eine der lustigsten Frauen der Stadt. Sie ist Komikerin, Schauspielerin, Moderatorin und Buchautorin. Vielleicht hast Du sie schon einmal in der Fernsehserie „Schloss Einstein" als Lehrerin Dr. Daniela Schumann gesehen. Sie tritt auch gerne in Sendungen wie „Ladies Night" auf. Oder bei „Night Wash". Und sie moderiert regelmäßig den „NDR Comedy Contest".

Alphaville

ist eine der bekanntesten Popgruppen der Welt. Sie gründete sich 1983 in Münster und hatte vor allem in den 1980er-Jahren einige Welthits: „Big in Japan" und „Forever Young" kennst Du vielleicht aus dem Radio – oder der Musiksammlung Deiner Eltern, die dazu früher getanzt haben, als sie sich kennenlernten. Alphaville gibt es übrigens heute noch. Immer noch touren sie durch die ganze Welt und spielen Konzerte von Südamerika bis Russland.

Roland Kaiser

ist nach Münster gezogen, weil sich der berühmte Schlagersänger in eine Münsteranerin verliebt hat. Er hat in seinem Leben schon über hundert Millionen Schallplatten verkauft. Eines seiner berühmtesten Lieder heißt „Santa Maria". Eure Omas und Opas können das bestimmt mitsingen.

Prinzessin Lillifee und Hase Felix

Ja, Du hast richtig gelesen! Auch diese beiden Stars, die sich in Hunderten Kinderbüchern, Hörspielen, auf Spielzeugen und Anziehsachen tummeln und selbst als Kuscheltiere oder kleine Puppen in Millionen Kinderzimmern

leben, kommen aus Münster. Ihr Zuhause ist der Coppenrath-Verlag im Hafenviertel, der die erfolgreichen Buchreihen 1994 (Felix) und 2004 (Lillifee) veröffentlicht hat.

Ute Lemper

ist eine Sängerin und Schauspielerin, die in New York lebt. Durch Spielfilme und Musicals wurde sie in der ganzen Welt bekannt. Sie ist aber in Münster geboren und aufgewachsen. Hier hat sie singen und tanzen gelernt und ist mit ihren ersten Bands aufgetreten, als sie noch eine Schülerin war.

Jürgen Kehrer und Detektiv Wilsberg

Dass ausgerechnet Münster zur Hauptstadt witziger Krimis wurde, liegt an Jürgen Kehrer. Neben dem „Tatort" gibt es

nämlich mit „Wilsberg" noch eine zweite in Münster spielende, sehr bekannte Krimireihe. Sie wurde schon 1995 erstmals ausgestrahlt. In ihr klärt ein etwas kauziger Privatdetektiv, gespielt von dem charmanten Darsteller Leonard Lansink, Verbrechen auf. Die Wilsberg-Reihe geht zurück auf die Romane von Jürgen Kehrer, einem münsterschen Schriftsteller, der ebenfalls zu den Prominenten der Stadt gehört.

Donots

gründeten sich als Band 1994 im westfälischen Ibbenbüren, leben aber heute zum großen Teil in Münster. Ihre Musik ist eine Mischung aus alternativem Rock und Punk. Auf diesem Gebiet zählen sie zu den erfolgreichsten Gruppen Deutschlands. Die Donots sind sehr nette, sympathische Jungs, auch wenn Gitarrist Guido ein Meister darin ist, auf der Bühne böse zu gucken.

Der Mann, der das Skateboarden in Deutschland erfand

Titus Dittmann gilt als Vater der deutschen Skateboard-Szene. Das war für die Eule Xabi ein schöner Grund, ihn für Dich zu interviewen.

Titus Dittmann schuf die Marke „Titus" und wurde Europas größter Händler für Skateboards und passende Streetwear, also die Kleidung, die Skater tragen.

Xabi: Du hast das Skateboard-Fahren in Deutschland erst richtig bekannt gemacht. Und Du hast Münster zu einer Art Hauptstadt des Skatens gemacht. Wie hast Du das Skateboard für Dich entdeckt?
Titus: Als ich ein junger Mann war, sah ich ein paar verrückte Typen am Aasee einen Hügel runterskaten. Damals waren die Boards noch aus ganz billigem Plastik, aber total bunt. Ich fand das sofort toll. Ich habe zuerst gar nicht daran gedacht, ein Geschäft daraus zu machen. Ich war einfach nur vom Skate-Virus infiziert. Und am Anfang habe ich mich natürlich immer wieder ganz fürchterlich auf die Fresse gelegt.

Was ist Skateboarden für Dich?
Skateboarden ist ein idealer Mix aus Sport, Kreativität und einem festen Willen. Den festen Willen braucht man, um einen Trick oder Sprung so lange zu üben, bis man ihn kann. Auch, wenn das manchmal wehtut. Oder wenn man zum Beispiel bei der Volksbank um die Ecke immer wieder mit dem Brett über das Mäuerchen springen will, aber einen der Wachmann immer wieder wegschickt.

Ganz früher, bevor du Skateboards verkauft hast, warst Du mal Sportlehrer. Durften die Kinder bei Dir im Unterricht Skateboard fahren?
Natürlich. Damals kannte ja kaum einer in Deutschland Skateboards. Da habe ich den

Mit Skateboards die Welt besser machen: Titus-Einsatz in Afghanistan

Kindern in der Schule das Skaten beigebracht.

Hast Du selbst Kinder?
Ja. Mein Sohn Julius hat längst mein Skateboard-Unternehmen übernommen.

Wenn Dein Sohn sich ums Geschäft kümmert, was machst Du dann den ganzen Tag?

Ich habe eine Initiative gegründet mit dem Namen skate-aid, übersetzt „Skate-Hilfe". Mit dem Skateboard helfen wir nämlich Kindern in der ganzen Welt. Wir fahren in Länder, wo es den Kindern nicht so gut geht wie bei uns. Wo Armut herrscht oder Kriege sind. Da bauen wir dann Skate-Anlagen, damit die Kinder etwas Sinnvolles zu tun bekommen. Das haben wir zum Beispiel schon in Afghanistan gemacht, in Brasilien, Palästina und in vielen afrikanischen Ländern.

Warum gelingt Dir immer so viel von dem, was Du Dir vornimmst?
Weil ich ein westfälischer Dickkopf bin. Wenn ich die Unterstützung von anderen Leuten brauche, nerve ich die so lange, bis die mir helfen. Bei skate-aid verfolge ich gemeinsam mit meinem Team ja auch noch einen guten Zweck. Da kann niemand lange „nein" sagen.

Was ist Dein Lieblingsplatz in Münster?
Das ist natürlich der Skaters Palace, unsere große Skate-Halle, die zugleich Jugendzentrum und Konzertraum ist.

Skaters Palace
Titus Dittmann hat auch den Skaters Palace gegründet, eine große Skater-Halle, die auch als Jugendzentrum und Konzertsaal dient.
Dahlweg 126, Südviertel
www.skaters-palace.de

Münster für Kinder

Im Grunde ist ja ganz Münster großartig für Kinder, um spannende Abenteuer zu erleben. Viele Attraktionen hast Du in diesem Buch schon kennengelernt. Es gibt aber noch viele andere Orte und Veranstaltungen speziell für Kinder.

Viel mehr, als wir Dir in diesem Buch vorstellen können. Am besten guckst Du im Internet auf **www.muenster.de,** da gibt es von der Stadt vieles für Kinder. Einige besonders interessante Ziele wollen wir Dir hier aber noch vorstellen.

Naturkundemuseum mit Planetarium (1)

Direkt am Zoo liegt mit dem Naturkundemuseum ein weiteres tolles Ziel für Dich. Lebensgroße Saurier-Nachbildungen begrüßen Dich am Eingang, und drinnen findest Du ständig wechselnde Ausstellungen, etwa zu Dinos, Walen oder andere Naturthemen.
In der ständigen Ausstellung werden die Tiere des Münsterlandes vorgestellt, aber auch die Natur des Wilden Westens. Ein Höhepunkt ist auf jeden Fall das Planetarium, eine Art Riesenkino, in dem Du den Sternenhimmel besser als in echt beobachten und Reisen ins Weltall unternehmen kannst. Dort gibt es immer mehrere Programme extra für Kinder.
Sentruper Straße 285, Sentrup

Stadtmuseum (2)

Hier findest Du eine umfangreiche Ausstellung über die Geschichte von Münster. Auch für Kinder ist viel Interessantes dabei, besonders spannend ist die Nachbildung der Wiedertäuferkäfige von Professor Landois, ein echtes Lebensmittelgeschäft aus Urgroßomas Zeiten oder eine historische Sendbude. Unbedingt angucken! Und im Museums-Shop gibt es alles an Münster-Sachen, was Du Dir vorstellen kannst – hoffentlich auch dieses Buch, sonst schimpfe dort bitte ein bisschen! Aber freundlich.
Salzstraße 28, Centrum

Geomuseum

Hier präsentiert man die Erdgeschichte vom Urknall bis heute, dabei gibt es auch spannende Angebote für Kinder.
Pferdegasse 3, Centrum

Oster- und Sommerhits für Kids (3)

Das große Ferienprogramm der Stadt Münster: vom Kindercamp bis zu archäologischen Ausgrabungen für Kinder am Dom wird in jährlich etwa 450 Veranstaltungen die gesamten Schulferien über ein pralles Programm geboten. Das jeweils aktuelle Programm kannst Du Dir anschauen auf der Seite des Kinderbüros der Stadt unter: *www.muenster.de*

Spielplätze (4)

Die Stadt ist voll mit Spielplätzen. Eine Karte, auf der Du auch einen in Deiner Nähe findest, kannst Du im Internet unter www.muenster.de herunterladen. Besonders praktisch ist der Maxi-Turm am Prinzipalmarkt, im Stadthausturm direkt neben dem Rathaus. Hier kannst Du sogar allein spielen, während Betreuer auf Dich aufpassen, sodass Deine Eltern in Ruhe ihre langweiligen Einkäufe oder Café-Besuche erledigen können. Am Syndikatplatz liegt im Sommer der Maxi-Sand, ein riesiger Sandkasten mit ganz viel Sandspielzeug, ideal für eine kleine Auszeit bei der Stadterkundung. Einen großen Indoor-Spielplatz gibt es in Handorf, das Fun-Center Nimmerland. Das kostet allerdings Eintritt.
Maxi-Turm, Prinzipalmarkt 15, Centrum
Maxi-Sand, Syndikatplatz, Centrum
Fun-Center Nimmerland, Gildenstraße 26–28, Handorf

Schwimmbäder (5)

Im Stadtgebiet von Münster gibt es ganze sieben Hallenbäder, die über die Stadtteile verteilt liegen (Handorf, Hiltrup, Kinderhaus, Mitte, Mauritz, Roxel, Wolbeck). Besonders schön im Sommer sind die vier Freibäder, in denen bei schönem Wetter das Leben tobt.
Freibad Hiltrup, Zum Hiltruper See 171, Hiltrup, Freibad Stapelskotten, Laerer Werseufer 2, Stapelskotten
DJK Sportbad Coburg, Grevener Straße 125, Kinderhaus,
Wersepark Sudmühle, Dyckburgstraße 468, Handorf

Klettern (6)

Münster ist platt wie ein Pfannkuchen. Um trotzdem mal richtig klettern zu können, kannst Du in die Kletterhalle „High Hill" mit dem angeschlossenen Hochseilgarten „High Act" gehen. Mit Außen- und Innenkletterwand, Boulder (also Kunstfelsen zum Klettern), Seilgärten und natürlich Kursen und Ausrüstungen speziell für Kinder.
Salzmannstr. 140, Kinderhaus

Kinderbücherei (7)

Sie gehört zur großen Stadtbücherei, und dort kannst Du Dir nicht nur aus 28 000 Kinderbüchern, Hörspielen oder Computerprogrammen etwas ausleihen, sondern auch vor Ort lesen und stöbern. Oft gibt es spannende Veranstaltungen.
Alter Steinweg 11, Centrum

Sinnespark

Der Alexianer-Gesundheitsverbund hat in Amelsbüren einen 2 000 Quadratmetergroßen Park eingerichtet, in dem Du an 15 Stationen Deine Sinne testen und erfahren kannst, von Barfußpfaden über Spiegelskulpturen bis zu einem Kräutergarten. Ein tolles Erlebnis!
Alexianerweg 9, Amelsbüren

Theater

Neben Programmen für Erwachsene führen die Theater in Münster natürlich auch immer wieder Stücke für Kinder auf. Das Begegnungszentrum Meerwiese spielt sogar hauptsächlich für Kinder, im GOP-Varieté gibt es regelmäßig Ferienprogramme.
Theater Münster, Neubrückenstraße 63, Centrum,
Begegnungszentrum Meerwiese,

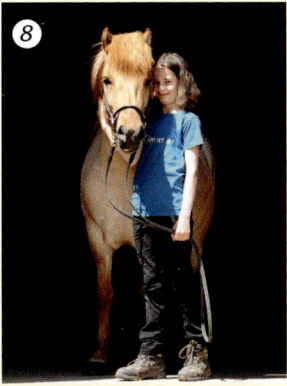

An der Meerwiese 25, Coerde
GOP Varieté-Theater, Bahnhofstraße 20–22, Centrum

Charivari Puppentheater

Ein wunderbares klassisches Puppentheater, das mehrfach wöchentlich vor allem Kasperle-Stücke und Märchen zeigt. *Körnerstr. 3, Aaseeviertel*

Kinder- & Jugendcircus Alfredo

Ein Zirkus, bei dem Du selbst mitmachen kannst, wenn Du in Münster wohnst. Wenn Du um die Weihnachtszeit in der Stadt bist, kannst Du seine Vorstellungen beim Hiltruper Weihnachtscircus anschauen, wo Kinder zusammen mit Profi-Artisten auftreten. *Loddenweg 12, Hiltrup*

Kinderkino

Münster hat mehrere Kinos, die auch Kinderfilme zeigen. Vom Cinema gibt es ein extra Kinderfilm-Programmheft. Einmal jährlich im Oktober gibt es das große KinderFilmFest im Schlosstheater: eine Woche lang Kinderfilme ohne Ende, und oft sind sogar Schauspieler und Regisseure mit dabei!

Cineplex, Albersloher Weg 14, Hafenviertel,
Schlosstheater, Melchersstr. 81, Kreuzviertel,
Cinema, Warendorfer Str. 45, Erphoviertel

Reiten (8)

Ob nur mal eine Runde auf dem Pony oder ein richtiger Ausritt auf einem großen Pferd – in Münster und Umgebung gibt es unendlich viele Möglichkeiten. Eine Zusammenstellung der zahlreichen Reiterhöfe findest Du im Internet unter:
www.pferderegion-muensterland.de

Bowling & Kegeln

Neben zahlreichen Kegelbahnen in Gaststätten gibt es auch ein großes Bowling-Zentrum mit 28 Bahnen. Das ist immer eine gute Idee für einen Kindergeburtstag.
Cosmo Bowling, Trauttmansdorffstraße 101, Berg Fidel

Münsterland-GIRO (9)

Münster ist Fahrradstadt. Klar, dass es da auch ein großes Rennen gibt.

Der Münsterland-GIRO findet jedes Jahr am 3. Oktober statt, dem Tag der Deutschen Einheit. Neben Profi-Rennfahrern können auch Hobby-Radler mitmachen. Für Kinder von drei bis fünf Jahren gibt es das große Laufradrennen Girolino, Acht- bis Dreizehnjährige radeln, von Tausenden Münsteranern angefeuert, beim Fette-Reifen-Rennen um den „Kids Cup". Für die Teilnahme muss man sich anmelden unter:
www.sparkassen-muensterland-giro.de

Münster-Marathon (10)

Der alljährlich im September stattfindende Münster-Marathon ist ein großes Volksfest, bei dem im wahrsten Sinne des Wortes die ganze Stadt auf den Beinen ist. Kinder im Alter von sechs bis dreizehn Jahren können die letzten 1,5 Kilometer der Marathon-Strecke beim Stadtwerke-Kids-Marathon mitlaufen, mitten durch die Innenstadt, vor ganz großer Kulisse. Ein einmaliges Erlebnis. Anmeldung unter:
www.volksbank-muenster-marathon.de

Das große Münster-Quiz

Kennst Du Dich schon richtig aus in Münster? Jovel! Dann haben wir hier genau das Richtige für Dich! Die Antworten zu unserem Quiz findest Du auf Seite 64.

2) Wofür ist der Friedenssaal im Rathaus weltberühmt?

a) Hier wurde mit dem Frieden von Münster das Ende des Dreißigjährigen Krieges vorbereitet.

b) Hier wurde mit dem münsterschen Manifest der Erste Weltkrieg beendet.

c) Hier ist es stets friedlich still.

1) Der Kiepenkerl ist das bekannteste Wahrzeichen von Münster. Noch heute kann man ihn beispielsweise im Mühlenhof-Freilichtmuseum erleben. Aber was ist bloß eine Kiepe?

a) „Kiepe" ist ein altes westfälisches Wort für „Pfeife", die der Kiepenkerl stets bei sich trägt.

b) „Kiepen" heißen die Holzschuhe, mit denen Kiepenkerls seit jeher übers Land ziehen.

c) Die „Kiepe" ist der Korb, den der Kiepenkerl auf seinem Rücken trägt und in dem er seine Waren transportiert.

3) Warum hängen an der Lambertikirche drei Käfige?

a) Darin wurden früher als Zeichen für den Westfälischen Frieden Friedenstauben gehalten.

b) Sie sind eine Hinterlassenschaft einer der großen Skulpturen-Ausstellungen.

c) In ihnen wurden die toten Wiedertäufer zur Abschreckung aufgehängt.

4) Woher stammt der Name „Münster"?

a) Vom großen Dom, der auch „Münster" genannt wird.

b) Von „Monasteria", dem lateinischen Wort für „Kloster".

c) Von „Münze", weil in der Stadt eine große Münzfabrik stand.

5) Was ist schofel?

a) Das plattdeutsche Wort für „Schaufel"

b) Das Masematte-Wort für „fies"

c) Diese Frage!

6) Wer waren die Wiedertäufer?

a) Eine religiöse Gruppe von Menschen im Mittelalter, die die christliche Taufe von Babys nicht anerkannt haben und sich deshalb als Erwachsene noch einmal, also wieder, taufen ließen.

b) Eine Musikgruppe aus Münster, die mit Hits wie „Forever Young" weltberühmt geworden ist.

c) Die Gründerväter von Münster, die die kleine Siedlung Mimigernaford neu, also wieder, auf den Namen „Münster" tauften.

7) Warum heißt der Zoo in Münster „Allwetterzoo"?

a) Weil hier Tiere aus regnerischen, sonnigen, stürmischen und schneebedeckten Teilen der Erde gehalten werden.

b) Der alte Zoo war nur bei schönem Wetter geöffnet, aber in den 1974 neu eröffneten Zoo durfte man bei jedem Wetter gehen.

c) Weil ein überdachter Gang von Tierhaus zu Tierhaus führt, sodass man auch bei Regenwetter nicht nass wird.

8) Richtig einkaufen: Unten siehst Du, wie Adam Riese, einer der Autoren dieses Buches, auf dem Wochenmarkt vor dem Dom Gemüse einkauft. Denn dort gibt es die frischeste Ware von einheimischen Händlern, und der Einkauf ist ein echtes Erlebnis. Er macht also alles richtig! Zumindest auf dem linken Bild. Aber auf dem rechten Bild haben sich fünf Fehler eingeschlichen. Findest Du sie?

9) Was ist der Send?

a) Der Spitzname des Doms
b) Eine große Kirmes
c) Ein bekannter Weihnachtsmarkt

10) Und das soll Kunst sein? Ja! In Münster wurden und werden viele moderne Skulpturen gezeigt. Aber ein Foto zeigt dann doch keine Kunst. Welches ist es?

b) Münster ist die Stadt der Pferde, und jährlich gab es ein großes Trabrennen. Die Promenade ist die alte Trabrennbahn.
c) Hier stand früher die Stadtmauer, die später abgerissen und durch die Promenade ersetzt wurde.

13) Wofür ist das Münsterland besonders bekannt?

a) Für seine Wasserschlösser
b) Für seine Luftschlösser
c) Für seine Hängeschlösser

11) Nach wem ist der Dom von Münster benannt?

a) Paulus
b) Liudger
c) Knipperdolling

14) Wo kann man in Münster die astronomische Uhr sehen?

a) Im Dom
b) Im Planetarium
c) Bei den Uhrmachern auf dem Prinzipalmarkt

12) Die Promenade ist ein Grünstreifen mit Fuß- und Radweg, der rings um die Innenstadt führt. Wie ist sie entstanden?

a) Der Fluss Aa hat hier früher eine große Schleife gebildet, auf der dadurch entstandenen Insel wurde Münster gegründet. Später wurde die Aa umgeleitet, die Promenade ist ihr altes Flussbett.

15) Was nennt man auch „Münsters gute Stube"?

a) Den Prinzipalmarkt
b) Den Hauptbahnhof
c) Das Wohnzimmer vom Oberbürgermeister

16) Warum wurde Kardinal von Galen auch „der Löwe von Münster" genannt?

a) Weil er so lange Haare hatte, eine echte Mähne.

b) Weil er bei seinen Predigten so laut brüllte.

c) Weil er so mutig war, gegen die Nazis zu predigen.

17) Was ist „westfälischer Marmor"?

a) Blöde Frage – natürlich Marmor aus Westfalen

b) Sandstein aus den Baumbergen

c) Das sagen die Münsteraner scherzhaft zu Beton, weil der Allwetterzoo, die Aasee-kugeln und viele Universitätsgebäude fast ganz aus Beton sind.

18) Jetzt kommt eine Frage, die nicht im Buch erklärt wurde. Da musst Du raten - oder vielleicht hast Du es ja schon mal gesehen: Was zeigt dieses Stein-Relief?

a) Es zeigt einen Bläser von Münsters ehemaligen Symphonie-Orchester, das vor dem Zweiten Weltkrieg im Theater spielte. Dort ist es zur Erinnerung an diese Zeit neben dem Eingang zu sehen.

b) Es zeigt den Trompeter von Jericho und ist ein Ausstellungsstück im Archäologischen Museum

c) Es zeigt den Türmer von Münster. Die Steinplatte befindet sich an der Lambertikirche neben dem Aufgang, den die Türmerin noch heute benutzt, um in den Turm zu klettern.

19) Wo steht in Münster das Kinderhaus?

a) Am Prinzipalmarkt. Dort können Kinder für einige Stunden spielen, während die Eltern einkaufen gehen.

b) An der Uni-Klinik. So heißt dort die Neugeborenenstation.

c) Das ist doch kein Haus! So heißt ein Stadtteil im Norden von Münster!

20) Wie viele Menschen leben in Münster?

a) 30 000

b) 300 000

c) Drei Millionen

21) Auch das steht nicht im Buch. Also: Rate mal, was das sein könnte. Hat da jemand irgendwo Löcher hineingefressen? Oder was zeigt dieses Foto?

a) Das ist der Lambertibrunnen von oben. Wenn er angestellt wird, sprudeln aus den Löchern die schönen Wassersäulen.

b) Das sind die Rundfenster an der Westseite des Doms. Im Zweiten Weltkrieg wurde das Westportal zerstört und später nicht wieder aufgebaut, sondern durch diese Fenster-Rose ersetzt. Es gab deswegen großen Streit in Münster, da die Einwohner die massive Wand mit den kleinen runden Fenstern sehr hässlich fanden und als „Wählscheibe" oder „Seelenbrause" verspotteten.

c) Das ist die Halterung am Rathaus, auf die das Sendschwert gesteckt wird, wenn wieder Send ist.

Lösungen zum Münsterquiz

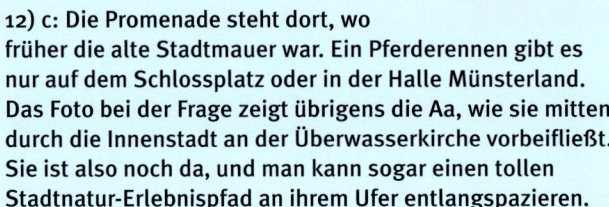
„Und? Hast Du die meisten Fragen richtig beantwortet? Dann bist Du jetzt ein echter Münsterkenner."

1) c: Zwar gehören sowohl Pfeife als auch Holzschuhe zum Kiepenkerl dazu, aber nur der Korb auf seinem Rücken heißt Kiepe.

2) a: Friedlich still ist es im Friedenssaal spätestens bei der nächsten Führung einer Schulklasse garantiert nicht, und mit dem Ersten Weltkrieg hatte Münster nicht viel zu tun. Der Friede von Münster als Teil des Westfälischen Friedens aber wurde hier geschlossen und machte die Niederlande zum selbstständigen Staat.

3) c: Gruselig, aber wahr: Darin waren die toten Wiedertäufer, keine Vögel. Heute ist in den Käfigen eine Kunst-Installation, die von einer Skulpturen-Ausstellung stammt. Aber die Käfige selbst sind natürlich viel, viel älter.

4) b: Tatsächlich heißen große Kirchen oder Dome auch „Münster", aber Münster hieß früher Monasteria, und „Monasteria" ist Latein für „Kloster". Eine besonders bemerkenswerte Münzfabrik gab in Münster nie: Das Münztor und die Münzstraße gibt es zwar, aber die heißen so, weil hier Steuern eingetrieben wurden (und immer noch werden).

5) b: „Schofel" ist das Masematte-Geheimwort für „fies". Und die Frage ist gewiss nicht schofel, sondern jovel!

6) a: Die Wiedertäufer waren religiöse Fanatiker, die in Münster eine Schreckensherrschaft geführt haben. Die mit „Forever Young" hießen „Alphaville", kommen aber auch aus Münster. Und tatsächlich hieß Münster früher Mimigernaford, aber der Name hat sich ganz ohne jeden Wiedertäufer geändert.

7) c: Den Verbindungsgängen verdankt der Zoo seinen Namen. Aber natürlich werden hier tatsächlich auch Tiere aus allen Klimazonen der Welt gezeigt

8) Bilderrätsel-Auflösung
1: Die ä-Punkte fehlen auf dem Schild. 2: Der Dom links oben hat plötzlich zwei Türme! 3: Der Händler hält ein paar Möhren zu viel in der Hand. 4: Bei den Paprika stand kein Preisschild. 5: Wer hat denn da den Clown auf die schönen Kräuter vorne im Bild gesetzt?

9) b: Der Name hat sich aus dem Wort „Synode" gebildet, so hießen die regelmäßigen Treffen von Kirchenleuten, anlässlich derer ein großer Markt abgehalten wurde. Der Send ist heute eine große Kirmes.

10) Links und rechts sind Kunstwerke. Das Bild in der Mitte aber ist keine Kunst. Das ist ein Regenschirm-Automat, der im Schloss hängt. Falls es mal wieder regnet draußen.

11) a: Der Dom heißt offiziell Paulus-Dom, zu Ehren des Heiligen Paulus.

12) c: Die Promenade steht dort, wo früher die alte Stadtmauer war. Ein Pferderennen gibt es nur auf dem Schlossplatz oder in der Halle Münsterland. Das Foto bei der Frage zeigt übrigens die Aa, wie sie mitten durch die Innenstadt an der Überwasserkirche vorbeifließt. Sie ist also noch da, und man kann sogar einen tollen Stadtnatur-Erlebnispfad an ihrem Ufer entlangspazieren.

13) a: Das Münsterland ist für seine Wasserschlösser bekannt. Das sind Schlösser, um die herum große Wassergräben angelegt wurden.

14) a: Die astronomische Uhr steht im Dom, Du kannst sie dort besichtigen, sie ist sehr eindrucksvoll.

15) a: Der Prinzipalmarkt ist „Münsters gute Stube".

16) c: Mutig wie ein Löwe war Kardinal von Galen, da die Nazis normalerweise jeden, der sie kritisierte, gleich ermordet haben.

17) b: Marmor aus Westfalen? Gibt es gar nicht! Die Idee mit dem Beton ist aber eigentlich ziemlich gut, vielleicht sollten wir versuchen, das einzuführen. Bis sich das durchgesetzt hat, bleibt allerdings der Sandstein aus den Baumbergen der „Westfälische Marmor", aus dem etwa der Dom und das Schloss gebaut worden sind.

18) c: Auf der Steinplatte ist der Türmer neben dem Turm der Lambertikirche zu sehen.

19) c: Betreut spielen kann man im Maxi-Turm, und die Neugeborenenstation im Uni-Klinikum heißt ganz einfach Geburtsstation. Kinderhaus ist ein Stadtteil.

20) b: Münster hat heute etwa 300 000 Einwohner.

21) b) Der Lambertibrunnen sieht wirklich ganz anders aus, schau ihn Dir mal an. Er steht direkt vor der Lambertikirche. Und das Sendschwert wird an einen Metallträger am Rathaus gehängt. Das sind tatsächlich die Rundfenster an der neu errichteten Westseite des Paulus-Doms, die nach dem Krieg zu heftigem Streit in Münster führte.

Impressum

Die in diesem Buch enthaltenen Angaben wurden von den Autoren nach bestem Wissen erstellt und sorgfältig überprüft. Da inhaltliche Fehler trotzdem nicht völlig auszuschließen sind, erfolgen diese Angaben ohne jegliche Verpflichtung des Verlages oder der Autoren. Beide übernehmen keine Haftung für etwaige inhaltliche Unrichtigkeiten.

ISBN: ISBN 978-3-942956-00-0

© 2015 monasteria GmbH
An der Kleimannbrücke 39
48157 Münster
Home: www.monasteria-verlag.de
Geschäftsführung: Matthias Schmidt
Lektorat: Kriton Kunz
Layout: Axel Völcker
www.redaktionundgestaltung.de
Druck: Thiekötter Druck GmbH & Co. KG
www.thiekoetter-druck.de

Auslieferung und Vertrieb:
Natur und Tier – Verlag GmbH
An der Kleimannbrücke 39/41
48157 Münster
Tel.: 0251-13339-0
Fax: 0251-13339-33
E-Mail: vertrieb@ms-verlag.de
Home: www.ms-verlag.de

Bildnachweis

Titelbild und Rückseite: Axel Völcker; außer Kiepenkerl: Dieter Heuken; Eulen-Illustrationen: Rolf Nölte
S. 2/3: alle Axel Völcker, außer Kiepenkerl: Dieter Heuken
S. 4/5: Kind: ElinaManninen/Thinkstock, Orang-Utan, Hahn, Ballon: Heiko Werning; Karussell: Presseamt Stadt Münster; Prinzipalmarkt: Presseamt Stadt Münster; Dom, Fahrrad, Skateboard: Axel Völcker
S. 6/7: Grafiken: Axel Völcker
S. 8/9: Send: Presseamt Stadt Münster/ Joachim Busch; Ammonit: WL-Museum für Naturkunde; Überschwemmung: picture alliance/dpa; Hanse-Stein: Heiko Werning; Schildkröte: Hubert Garritzmann
S. 10/11: Illustration: Rolf Nölte
S. 12/13: Bild „Taufe eines Mädchens durch Jan van Leiden", Johann Karl Ulrich Bähr, LWL-Landesmuseum; Fotos: Axel Völcker
S. 14/15: Bild: „Der Friede von Münster", Gerd ter Borch, 1648, Rijksmuseum Amsterdam; Merkel: Presseamt Stadt Münster/ MünsterView; Hahn: Heiko Werning
S. 16/17: Bild: „Residenzschloss in Münster/ Westfalen", Guckkastenbild Augsburg um 1780, Balthasar Friedrich Leizel; Foto: Presseamt Stadt Münster/MünsterView
S. 18/19: links: Dr. Herwig Happe; rechts: Dr. Benno Bösing; von Galen: Gustav Albers/ Bistumsarchiv Münster
S. 20/21: Gebäude: Presseamt Münster/ Joachim Busch, Stones: Presseamt Stadt Münster
S. 22/23: 1: Thomas Büdenbender; 5, 9: Presseamt Stadt Münster/Britta Roski; 2, 3, 4, 7: Axel Völcker; 6, 8: Presseamt Stadt Münster/MünsterView
S. 24/25: Axel Völcker
S. 26/27: St. Lamberti: Axel Völcker, Türmerin: Claudia Große-Perdekamp; Kirchenquartett: alle Axel Völcker außer Dominikanerkirche: Presseamt Münster/MünsterView; Herz-Jesu-Kirche: Matthias Schmidt
S. 28/29: Prinzipalmarkt & Giebel: Heiko Werning, Bögen: Axel Völcker
S. 30/31: Links: M4 Media; Mitte: Axel Völcker; rechts oben: Presseamt Stadt Münster; rechts unten: Presseamt Stadt Münster / Angelika Klauser; Meerschweinchen: Westfälische Wilhelms-Universität

S. 32/33: Promenade: Heiko Werning, Fahrräder rechts oben: Presseamt Münster; Zwinger & Fahrradständer: Axel Völcker
S. 34/35: Links: Matthias Schmidt, Solaaris: Heiko Werning; Schwan: Allwetterzoo Münster
S. 36/37: Kiepenkerl: Dieter Heuken; Prinzipalmarkt: Presseamt Stadt Münster; Denkmal: Axel Völcker; Mühle, Mühlenhof-Haus: Heiko Werning
S. 38/39: Axel Völcker, Illustration: Rolf Nölte
S. 40/41: Send: Presseamt Stadt Münster / Joachim Busch; Weihnachtsmarkt: Presseamt Stadt Münster / Tilman Roßmöller
S. 42/43: Fotos Elefanten groß, Kattas: Heiko Werning; Landois: Wilko Werning; Rüssel & Eingang: Allwetterzoo Münster
S. 44/45: Kugeln: Matthias Schmidt; 1 & 3: Presseamt Stadt Münster/Angelika Klauser; 2 & 4: Axel Völcker
S. 46/47: links: USC Münster; Mitte: Presseamt Stadt Münster/Peter Grewer; rechts: Stefan Wietzorek
S. 48/49: Drostenhof: B.Bönsch/Arco Images; KÜ: Presseamt Stadt Münster/Angelika Klauser; Kanu: Elke Lewejohann
S. 50/51: Ahaus: Wolfgang Diederich, imageBroker/Arco Images; Haus Voegeding: Dr. Wilfried Bahnmüller, imageBroker/Arco Images; Burg Vischering & Schloss Nordkirchen: Stefan Ziese, imageBroker, Arco Images; Merfelder Bruch: image2010/Arco Images
S. 52/53: Pressebilder der Künstler; Prinzessin Lillifee © Coppenrath Verlag, Münster Felix der Hase © by Coppenrath Verlag, Münster
S. 54/55: Presseamt Stadt Münster/MünsterView, außer Afghanistan: Titus Dittmann
S. 56: Axel Völcker
S. 57-59: 1: Ludger Barkam, 2: Presseamt Stadt Münster/Angelika Klauser, 3 & 4: Axel Völcker, 5: Presseamt Münster, 6: Alexey Poprotskiy/Shutterstock Inc., 7: Axel Völcker, 8: A. Schmelzer/Arco Images, 9: Presseamt Münster/MünsterView, 10: Volksbank Münster
S. 60-63: 1: Frau Becker; 2: Presseamt Stadt Münster/MünsterView; 4: Thomas Büdenbender; 7: Heiko Werning; 8, 11, 13, 15, 18: Axel Völcker; 10) links: Axel Völcker, Mitte & rechts: Heiko Werning; 22: mathess/ Thinkstock

![NTV] **Entdecke die Reihe mit der Eule!**

Entdecke
die Igel

Entdecke
die Spechte

Entdecke
die Reptilien

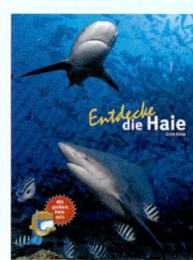

Entdecke
die Haie

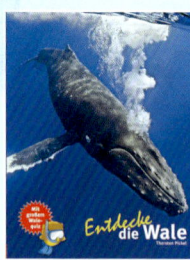

Entdecke
die Wale

Entdecke
die Bionik

Entdecke
die Kolibris

Entdecke
die Pinguine

Entdecke
die Eulen

Entdecke
die Störche

Entdecke
die Pferde

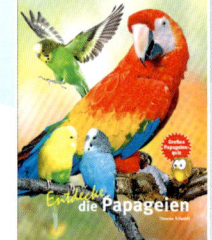

Entdecke
die Papageien

Entdecke
die Greifvögel

Die Reihe mit der Eule:

Die bunten Bände der Kinder-Sachbuchreihe für wissensdurstige Entdecker nehmen die Fragen der Kids ernst und beantworten sie auf kindgerechte, unterhaltsame Weise, ohne die Intelligenz der Kinder zu unterschätzen!

Begleitet werden die Kinder auf ihren spannenden Reisen von unserer schlauen Eule, die nie um Rat verlegen ist!

Natur und Tier - Verlag GmbH
An der Kleimannbrücke 39/41 · 48157 Münster
Telefon: 0251 - 13339-0 · Fax: 0251 - 13339-33
E-Mail: verlag@ms-verlag.de · www.ms-verlag.de